PREGUNTAS
sobre el
EVANGELIO

WATCHMAN NEE

Living Stream Ministry
Anaheim, California • www.lsm.org

© 1999 Living Stream Ministry

Todos los derechos reservados. Ninguna parte de esta obra puede ser reproducida ni trasmitida por ningún medio —gráfico, electrónico o mecánico, lo cual incluye fotocopiado, grabación y sistemas informáticos— sin el consentimiento escrito del editor.

Primera edición: agosto de 1999.

ISBN 978-0-7363-0095-7

Traducido del inglés
Título original: *Questions on the Gospel*
(Spanish Translation)

Publicado por

Living Stream Ministry
2431 W. La Palma Ave., Anaheim, CA 92804 U.S.A.
P. O. Box 2121, Anaheim, CA 92814 U.S.A.

Impreso en los Estados Unidos de América

08 09 10 11 12 13 / 10 9 8 7 6 5 4 3

CONTENIDO

Título	Página
Prefacio	5
1 La gracia	1
2 La transgresión y la iniquidad	11
3 Romanos 4:7-8	13
4 Romanos 4:7 y Hebreos 9:26	15
5 La purificación de los pecados	17
6 Levítico 4:1-7	21
7 El pecado y los pecados	25
8 La gracia y la justicia	33
9 La justicia de Dios y la de Cristo	35
10 Cristo y la justicia	39
11 La persecución contra Jesús	41
12 Las dos naturalezas de Cristo	43
13 Romanos 5:18-19	45
14 Cristo y la ley	49
15 La ley y la fe	51
16 Mateo 5:17	57
17 Gálatas 3:21	65
18 La redención	69
19 Romanos 2:12	71
20 La fe en la resurrección	73
21 La resurrección y la salvación	75
22 Primera epístola a los Corintios 15:3 y 17	77

23	Creer en el Hijo de Dios	81
24	Un milagro del Antiguo Testamento	83
25	La naturaleza del cristiano	85
26	Romanos 5:9 y 4:25	87
27	La crucifixión de Cristo	93
28	Juan 19:30 y Colosenses 1:24	99
29	La muerte de Cristo	103
30	Segunda epístola a los Corintios 5:21	105
31	La unión objetiva y la unión subjetiva	109
32	Nuestra posición en Cristo	111
33	El momento de nuestra crucifixión	115
34	La sangre y la cruz	117
35	La fe y la condenación	123
36	Juan 1:12-13 y Apocalipsis 22:17	125
37	Lucas 10:25-37	129
38	Lucas 16	133
39	Romanos 4 y Jacobo 2	135
40	Las tres parábolas mencionadas en Lucas 15	143
41	Cristo y el Espíritu Santo	147
42	La reconciliación	151
43	Los requisitos para la salvación	153
44	El pecado que no tiene perdón	163
45	Caer de la gracia	167
46	Hebreos 6:4-8	171
47	Hebreos 10:26	177
48	Las diferentes clases de perdón	183
49	Las diferentes clases de salvación	197
50	La santificación	207

PREFACIO

El presente tomo, *Preguntas sobre el evangelio,* fue publicado por Watchman Nee por el año 1934. El siguiente anuncio, que hallamos en *The Present Testimony,* de junio de 1934, nos da una idea aproximada de la fecha en que se publicó: Tanto *Preguntas sobre el evangelio* como la música para el *Himnario de la manada pequeña* están casi terminados, pero no sabemos con exactitud la fecha en que se publicarán. Tan pronto se fije la fecha, les informaremos.

El libro consta de cincuenta preguntas y sus correspondientes respuestas acerca de las verdades básicas de la salvación, la justificación, la ley, la gracia y otros temas afines.

PREGUNTA UNO

LA GRACIA

La gracia es:
1. ¿Dar al hombre lo que *merece*?
2. ¿Complementar lo que el hombre merece?
3. ¿Retener lo que el hombre no merece?
4. ¿Dar *menos* porque el hombre no merece más?
5. ¿Convertir al beneficiario en *deudor*?
6. ¿Perdonar directamente los pecados del pecador?
7. ¿Perdonar directamente los pecados del creyente?

La Biblia dice: "Porque por gracia habéis sido salvos" (Ef. 2:8). Puesto que tal es el caso:
1. ¿Quiere Dios que el hombre haga el bien antes de ser salvo?
2. ¿Salva Dios al hombre después de que éste ha hecho lo que puede?
3. ¿Puede Dios no salvar a una persona porque no es buena?
4. ¿Puede Dios no salvar a una persona porque ésta es inferior a otra?
5. ¿Es correcta la expresión "gracia restitutiva"?
6. ¿Perdona Dios gratuitamente al pecador por pura misericordia?
7. ¿Perdona Dios gratuitamente al pecador por puro amor?

RESPUESTAS

El problema del hombre radica en que mide el corazón de Dios como si fuera el suyo, el cual es humano. El corazón del ser humano es un corazón regido por la ley, no por la gracia; pensamos que el corazón de Dios es como el nuestro; es por eso que no entendemos el corazón de Dios.

Debemos entender claramente lo que significa la gracia:

(1) La gracia no consiste en conceder al hombre lo que merece. Romanos 4:4 dice: "Ahora bien, al que obra no se le cuenta el salario como gracia, sino como deuda". En otras palabras, la gracia consiste en recibir lo que uno no merece. Si la gracia consistiera en recibir lo que uno merece, entonces el significado mismo de gracia sería nulo. La gracia es gracia porque no incluye mérito alguno. Efesios 2:8 dice: "Porque por gracia habéis sido salvos". El hecho de que uno haya sido salvo demuestra que esto se produce por la gracia, no porque uno mereciera ser salvo. Leemos en Romanos 3:24: "Siendo justificados gratuitamente por Su gracia". ¿Qué significa "gratuitamente"? En el idioma original esta palabra es la misma "sin causa" que consta en Juan 15:25 cuando el Señor dice: "Sin causa me aborrecieron". Al decir que la gracia de Dios justifica gratuitamente a una persona, simplemente nos referimos a que Dios justifica a una persona sin causa alguna. Examinemos los siguientes versículos: "Mas la Escritura lo encerró todo bajo pecado" (Gá. 3:22); "Porque Dios a todos encerró en desobediencia" (Ro. 11:32). Dios ha puesto a todos los hombres en la misma posición para que ninguno sea salvo por sus buenas obras y para que todos los seres humanos sean salvos por la gracia. Si le preguntáramos a Pablo cómo fue salvo, él contestaría sin vacilar que fue salvo por la gracia de Dios, y si preguntáramos a todos los santos cómo fueron salvos, también contestarían con plena certeza que fueron salvos por la gracia de Dios. La gracia consiste en que Dios salva a la humanidad sin causa alguna.

(2) La gracia tampoco es un complemento a lo que el hombre merece. Efesios 2:9 dice: "No por obras, para que nadie se gloríe", lo cual no quiere decir que el hombre no deba hacer buenas obras después de ser salvo, sino sencillamente que no es salvo por hacerlas. Si el hombre fuera salvo por hacer buenas obras, éste se podría vanagloriar; si el treinta por ciento de la salvación del hombre dependiera de las obras, el hombre se gloriaría de ese porcentaje, y Dios perdería el treinta por ciento de la gloria. Si el diez por ciento de la salvación dependiera de las obras, el hombre se gloriaría de ese porcentaje, y Dios perdería el diez por ciento de la gloria. No es posible que Dios comparte Su gloria con el hombre ya que Él aborrece

que el hombre se gloríe. De hecho, la intención de Dios es obtener la gloria; por lo tanto, la gracia de Dios no es un complemento a lo que el hombre merece.

La gracia no es concedida ni al que la merece ni es dada al hombre como una añadidura a lo que merece. Tampoco es una compensación justa ni es una bonificación. Las preguntas que surgen como por ejemplo si Dios da gracia o si el hombre la merece, no tienen relación alguna con la gracia. Si el hombre desea recibir gracia, no debe preguntarse si la merece o no, ni tampoco si se encuentra en una posición mejor o peor para recibirla. En cuanto a la salvación, el hombre no puede valerse de sus obras para obtener la gracia.

Muchos piensan: "Voy a tratar de hacer lo posible por cumplir la ley y además confiaré en la gracia de Dios en aquello que no pueda hacer". Esto indica que confían parcialmente en las obras y parcialmente en la gracia. En cierta ocasión un hombre dijo: "Debemos cumplir los Diez Mandamientos; de lo contrario no podremos ser salvos", a lo cual alguien le preguntó: "¿Has quebrantado alguno de los Diez Mandamientos?" El respondió: "Sí lo he hecho". Y le preguntaron nuevamente: "¿Qué haces después de la transgresión?" Replicó: "Confío en la gracia de Dios en lo que no puedo cumplir". Este es uno de los errores en lo que se refiere a gracia.

En Mateo 19 un joven se acercó al Señor Jesús y le preguntó: "¿Qué bien he de hacer para tener la vida eterna?" (v. 16). El Señor le dijo: "Si quieres entrar en la vida, guarda los mandamientos" (v. 17). El joven respondió que todos los había guardado. Mas cuando Jesús le dijo: "Si quieres ser perfecto, anda, vende lo que tienes, y dalo a los pobres" (v. 21), el joven fue incapaz de hacerlo. Si el hombre desea ser salvo por cumplir la ley, debe cumplirla en su totalidad; no sólo tiene que amar a Dios con todo su corazón, con toda su alma y con todas sus fuerzas, sino que también tiene que dar todo lo que posee sin dejar nada para sí. Si el hombre confía en la gracia de Dios, tiene que confiar plenamente en ella. El hombre no puede hacer la mitad del trabajo y dejar a Dios la otra mitad, ya que la gracia no es un complemento para las incapacidades del hombre; si confiamos en la gracia de Dios, todo lo obtenemos por la gracia de Dios, y si confiamos en las obras del hombre, todo lo debemos obtener por obra del hombre. No se puede confiar parcialmente en las obras de uno y parcialmente en la gracia de Dios. ¿Por qué? Debido a que la muerte del Señor ya se efectuó, y por ella Dios pone a todos los pecadores en la misma posición. Cuando Jesús fue crucificado, Dios "cargó en Él el pecado de todos nosotros" (Is. 53:6). El problema del pecado fue resuelto de una sola vez y para siempre; por lo tanto el hombre no puede confiar en sus propios méritos ante Dios, porque en ese caso la obra del Señor no tendría ningún valor, y Su muerte sería en vano.

(3) La gracia no consiste en privar al hombre de algo que no merece. (Esta pregunta es semejante a la primera, pero tomada desde el ángulo opuesto). La gracia es concedida al hombre porque éste no la merece. Cuando un hombre se da cuenta de que es débil y de que no tiene salida, apela a la gracia, y cuando Dios ve al hombre en esa situación, imparte la gracia. Si el hombre todavía se siente fuerte, no se dará cuenta de que necesita la gracia, y Dios tampoco se la otorgará. La incapacidad del hombre no impide que Dios le dé la gracia; por el contrario, ésa es la única condición para que Dios la otorgue.

Una vez un hermano dijo: "La gracia es abundancia de benignidad expresada en abundancia de bondad". ¿Qué significa la gracia? La gracia fluye de arriba abajo. ¿Qué es el amor? El amor consiste en tratarnos los unos a los otros equitativamente. ¿Qué es el respeto? El respeto consiste en honrar a nuestros superiores. La gracia fluye desde arriba hacia abajo, va en una sola dirección; así que si uno desea recibir gracia, debe reconocer que es un pecador desahuciado, y Dios lo considerará apto para recibirla.

A muchas personas les disgusta la gracia porque ella requiere que uno reconozca su total incompetencia. La gracia exige que uno reconozca que es perverso. Así como una taza puesta boca abajo no puede contener agua, una persona orgullosa no puede recibir la salvación, pues no está dispuesta; uno debe admitir que es inútil para poder recibir la gracia de Dios.

(4) La gracia no consiste en conceder poco porque el hombre no lo merezca. (Éste es el reverso del segundo punto.)

Dios no ha pasado por alto el pecado del hombre. El es estricto y específico cuando se trata del pecado, y por medio de Su Hijo resolvió este asunto completamente. Entonces, ¿por qué surgen interrogantes en cuanto a si el hombre merece la gracia o no? La gracia de Dios no tiene nada que ver con ser merecedor ni con ser digno. Ya que todos los hombres son iguales ante El, todos pueden recibir Su gracia.

Dios no se abstiene de otorgar la gracia porque el hombre no sea merecedor o digno; al contrario, El la concede debido precisamente a que el hombre no es digno. Dios no hace acepción de personas ni estima quién es más digno ni quién lo es menos; tampoco concede más gracia a aquellos que son más dignos, ni a los menos dignos da menos gracia. Dios no otorga menos gracia a aquellos que tienen muchos pecados y más gracia a aquellos que tienen pocos. Dios no usa la gracia para remendar los defectos de los pecadores. La condición del pecador, sus obras y sus méritos (sean grandes o pequeños) son desechados.

Debido a la naturaleza de la gracia, no depende en absoluto de la condición del que la recibe. Este no necesita ser apto para recibirla ya que la gracia se concede a aquellos que no la merecen independientemente de su condición; en consecuencia, no reciben menos gracia aquellos que merecen menos, ya que en dicho caso la condición del hombre sería un requisito para recibirla. La gracia no se concede a una persona que reúna los requisitos, ni a algunos que son mejores que otros. La gracia de Dios es abundante y amplia, y se concede a todos los pecadores. Aquellos que creen estar bien necesitan la gracia de Dios tanto como aquellos que reconocen que son terribles pecadores.

Algunos piensan que una persona buena merece más gracia, pero a los ojos de Dios, todos los hombres son iguales. Supongamos que varios platos se caen al piso. Algunos se quiebran por la mitad, otros en cinco pedazos y otros quedan completamente despedazados; pese a las diferencias de los pedazos, todos los platos se quebraron. Uno puede ser un pecador "mejor" o un pecador "peor", pero sigue siendo al fin y al cabo un pecador. La Biblia dice que todos somos pecadores y que Dios envió al Señor Jesús para que muriera por nosotros y nos concediera a cada uno la oportunidad de ser salvo. Si en el mundo existiera un solo pecador que necesitara ser salvo, Dios enviaría a Su Hijo para que muriera por él. Esto lo podemos apreciar en la parábola del pastor que tiene cien ovejas. Fue en busca de la oveja perdida y dejó las noventa y nueve en el redil (Lc. 15:3-4). Así que, mientras usted sea un gran pecador o un pequeño pecador, y en tanto que sea la oveja perdida, necesita que el Señor Jesús muera por usted.

(5) La gracia no convierte al que la recibe en un deudor. Una deuda significa que uno recibe cierta cantidad de dinero, la cual puede disfrutar ahora pero tendrá que pagarla posteriormente. Los sueldos van de acuerdo al trabajo realizado. La gracia no consiste en que a uno se le preste algo temporalmente ni en que reciba un salario de acuerdo a las capacidades. Dios nos salva por gracia; por lo tanto, El no nos ha prestado la salvación; si fuera un préstamo, entonces no sería gracia. Recibir gracia no indica que Dios vea escasez de mérito en la labor que realicemos para nuestra salvación y que por eso nos la presta para que podamos, con el tiempo, utilizar nuestras obras con el fin de conservar la salvación. La gracia es gratuita y se aplica al pasado, al presente y al futuro, y si Dios nos concede algo y espera que le paguemos más tarde, entonces es un préstamo, y no es gracia. La gracia se concede gratuitamente a todos los que son indignos y no la merecen. No hay precio que se pueda pagar por ella ni para el pasado ni para el presente, y tampoco hay ninguna necesidad de pagar en el futuro.

Los hombres tienen el concepto erróneo de que la salvación se recibe por gracia, pero depende de ellos conservarla. Este es un error garrafal. La Biblia nunca dice que la gracia nos convierta en deudores. Romanos 6:23 dice: "Mas la dádiva de Dios es vida eterna en Cristo Jesús Señor nuestro". ¿Cuál es la característica de la vida eterna? Es una dádiva. La palabra *dádiva* se puede traducir "regalo". En otras palabras, una dádiva Dios nos la concede. ¿Acaso se devuelve un regalo? Necesitamos ver claramente que la gracia no es un préstamo; no tiene que pagarse hoy ni dentro de muchos días. Esto no significa que los creyentes no necesitan hacer buenas obras ni servir a Dios fielmente. Después de ser salvos, debemos hacer buenas obras y servir a Dios fielmente, pero el motivo por el que lo hacemos debe ser el amor al Señor, y la energía que usemos en ello debe ser el Espíritu Santo. Hacer buenas obras y servir al Señor fielmente no tienen como fin obtener la salvación ni conservarla; tampoco cumplen el propósito de cancelar la deuda de la salvación. Así como Dios nos salvó por Su amor para con nosotros, debemos nosotros servirle por amor a El, y así como Su salvación no es un préstamo, nuestro servicio fiel a El no es el pago de la deuda.

Muchas personas no entienden la gracia de Dios; piensan que la gracia significa que Dios está dispuesto a salvar a una persona independientemente de que lo merezca o no y que después de la salvación Dios se la retirará si no hace el bien. Esto es como comprar mercancías a plazos; uno recibe la mercancía, pero tiene que pagar el costo en el plazo especificado, pues si uno no lo cancela a tiempo, la entidad crediticia exigirá su devolución. Este es un significado completamente tergiversado de lo que es la gracia; la vida eterna que Dios concede al hombre cuando lo salva no tiene que pagarse a plazos ya que Dios no le quita la vida eterna a quien salva, aunque éste no haga buenas obras después de experimentar la salvación.

Debido a que la vida eterna es un regalo, no es necesario pagarla; la idea de pagar es equivocada, ya que servimos al Señor por amor. Por ejemplo si su padre le da un regalo, pero usted trabaja día tras día y mes tras mes, hasta pagar el costo exacto del obsequio que él le dio, ¿no será como si uno hubiera comprado el regalo? La gracia nunca tiene precio ya que si lo tuviera, no sería gracia.

(6) La gracia no perdona los pecados del hombre directamente. Este interrogante se ha entendido mal entre muchos creyentes, quienes piensan que Dios perdona los pecados por ser magnánimo o tolerante, pero este concepto es erróneo. La Biblia no dice que Dios perdona a los pecadores por ser tolerante, por ser sordo o por ser descuidado. Romanos 5:21 dice: "Para que así como el pecado reinó en la muerte, así también la gracia reine por la justicia para vida eterna mediante Jesucristo, Señor nuestro". El pecado reina solo, pero la gracia reina por la justicia; la gracia no reina aislada. Debemos

entender que Dios no sólo concede gracia sino que también es justo, y no sólo se deleita en salvar al hombre sino también en salvaguardar la salvación de éste con la justicia. El hecho de que Dios nos concede gracia no significa que Dios sea generoso por perdonar nuestros pecados de una manera suelta. Por el contrario, Dios planeó la solución al problema de nuestros pecados y nos concedió la oportunidad de ser salvos. Si interpretamos erróneamente lo que es la gracia y simplemente la consideramos como liberalidad por parte de Dios, entonces la cruz de Cristo sería innecesaria y carecería de significado. Ciertamente sin el amor de Dios no existiría la cruz de Cristo, y tampoco existiría si El sólo tuviera amor sin Su justicia. Dios sabe que pecamos y, por ende, no puede pasar por alto nuestro pecado. En vista de que nosotros no teníamos posibilidad alguna de solucionar este problema, Su hijo cargó con nuestros pecados en la cruz y resolvió el problema del pecado de una vez y para siempre. Esta es la gracia de Dios. Ella es la solución al problema y por ella nuestros pecados son perdonados. Esta es la razón por la cual el Señor tenía que morir a fin de que nosotros fuésemos salvos.

Un pecador se considera tal por lo siguiente: (1) su conducta es mala; (2) su naturaleza es corrupta; y (3) la justa ley de Dios lo ha juzgado y sentenciado. Para salvar a un pecador Dios tiene que: (1) perdonar sus pecados, o sea, su mala conducta; (2) regenerarlo dándole una vida nueva; y (3) justificarlo. El Señor Jesús recibió el castigo y murió por nuestros pecados, y por eso Dios nos perdonó. Algunos piensan que debemos rogar a Dios hasta que cambie de parecer, lo cual no es correcto. Podemos obtener el perdón porque Dios derramó Su ira y cargó nuestros pecados sobre el Señor Jesús. Así que podemos decirle: "Te damos gracias y te alabamos Dios, porque el Señor Jesús fue juzgado en nuestro lugar". La justicia exige el castigo sólo una vez, después de lo cual no hay más castigos.

(7) La gracia no perdona directamente los pecados del creyente. Este principio es el mismo que acabamos de mencionar. Supongamos que un creyente, después de ser salvo, es vencido por el pecado pero se arrepiente. No tiene que suplicar que Dios le perdone ni pedirle que haga algo. Lo que tiene que hacer es creer que Cristo ya lo hizo. Dios es justo, y puesto que el

LA GRACIA

Señor Jesús murió, Dios perdona a quienes son salvos. Si desafortunadamente un cristiano comete algún pecado, debe entender claramente cuatro puntos: (1) al confesar sus pecados, recibe el perdón (1 Jn. 1:9); (2) cualquier pecado es perdonado (vs. 7, 9; somos limpios de *todo* pecado y de *toda* injusticia); (3) antes de que uno confiese los pecados, Dios está dispuesto a perdonar porque el Señor Jesús es nuestro Abogado delante de El (2:1-2); y (4) Dios nos perdona y nos limpia porque por un lado El es fiel y justo, y por otro, el Señor Jesús es el Justo.

PREGUNTA DOS

LA TRANSGRESION Y LA INIQUIDAD

¿Cuál es la diferencia entre "la transgresión" y "la iniquidad" según la Biblia?

RESPUESTA

"La transgresión" y "la iniquidad" son términos usados en el Antiguo Testamento y presentan dos aspectos del pecado. La transgresión es subjetiva mientras que la iniquidad es objetiva. La transgresión se relaciona con nuestro comportamiento, y la iniquidad se refiere a nuestra condición delante de Dios. Si transgredimos en este mundo, cometemos iniquidad delante de Dios. Salmos 32:5 nos dice: "Confesaré mis transgresiones a Jehová; y tú perdonaste la iniquidad de mi pecado". Y en Jeremías 33:8: "Y los limpiaré de toda su maldad con que pecaron contra mí; y perdonaré todos sus pecados con que contra mí pecaron, y con que contra mí se rebelaron". Con estos versículos podemos ver que la iniquidad se refiere a la condición del hombre ante Dios después de haber transgredido o pecado. Cada vez que el hombre peca, ofende a Dios y le desobedece, comete iniquidad ante El. En Exodo y en Levítico se menciona frecuentemente lo que los sacerdotes tenían que hacer en el Lugar Santo con el fin de expiar el pecado del hombre. La palabra traducida maldad o pecado es *avon*, que significa "iniquidad", no *pesha*, que quiere decir "transgresión" (Ex. 28:38, 43; Lv. 5:1, 17). Puesto que la iniquidad es un asunto delante de Dios, debe ser expiada en el Lugar Santo. En Daniel 9:24 se menciona la transgresión y los pecados: "Terminar la prevaricación [*pesha*], y poner fin al pecado", pero cuando se refiere a la iniquidad dice: "Expiar la iniquidad" puesto que este asunto se presenta delante de

Dios. También podemos ver que Sodoma fue destruida porque su iniquidad había llegado al "colmo" ante Dios (Gn. 19:15; 15:16).

Cuando el Antiguo Testamento habla de transgresión, se refiere al comportamiento y a las acciones, lo cual vemos en Job 36:9 donde dice: "El les dará a conocer la obra de ellos y que prevalecieron sus rebeliones [*pesha*]"; y en Proverbios 12:13 dice: "El impío es enredado en la prevaricación [*pesha*] de sus labios". En Proverbios 28:24: "El que roba a su padre o a su madre, y dice que no es maldad [*pesha*], compañero es del hombre destruidor". En Miqueas 1:5 dice: "Todo esto es por la rebelión [*pesha*] de Jacob, y por los pecados de la casa de Israel. ¿Cuál es la rebelión [*pesha*] de Jacob? ¿No es Samaria? ¿Y cuáles son los lugares altos de Judá? ¿No es Jerusalén?" Ser orgulloso, robar a los padres y adorar ídolos son transgresiones.

Ezequiel 18:30-31 dice: "Por tanto, yo os juzgaré a cada uno según sus caminos, oh casa de Israel, dice Jehová el Señor. Convertíos, y apartaos de todas vuestras transgresiones, y no os será la iniquidad causa de ruina. Echad de vosotros todas vuestras transgresiones con que habéis pecado, y haceos un corazón nuevo y un espíritu nuevo. ¿Por qué moriréis, casa de Israel?". Amós 1:3 dice: "Así ha dicho Jehová: Por tres pecados [*pesha*] de Damasco, y por el cuarto, no revocaré su castigo; porque trillaron a Galaad con trillos de hierro". Vemos que la transgresión es un asunto muy serio ya que produce iniquidad, pero damos gracias a Dios porque debido a la obra redentora de Cristo, la iniquidad y las transgresiones fueron eliminadas. "Mas él herido fue por nuestras rebeliones [*pesha*], molido por nuestros pecados [*avon*]" (Is. 53:5).

PREGUNTA TRES

ROMANOS 4:7-8

¿Existe alguna diferencia entre los "bienaventurados" de Romanos 4:7 y el "bienaventurado" del versículo 8? Y si la hay, ¿cuál es?

RESPUESTA

Sí existe una diferencia y ésta radica en el perdón de los pecados y la justificación; la expresión *bienaventurados* del versículo 7 denota un aspecto negativo y la palabra *bienaventurado* del versículo 8 habla de un aspecto positivo. El versículo 7 muestra que Dios perdonó las iniquidades y cubrió los pecados del hombre, mientras que el versículo 8 afirma que Dios hace una obra tal en el hombre que lo presenta como si nunca hubiese pecado: "Bienaventurado el varón a quien el Señor no imputa pecado". Esto es lo que significa ser justificado.

¿Entonces, cuál es la diferencia entre el perdón y la justificación? El perdón indica que aunque uno haya pecado, Dios le perdonó los pecados; y la justificación significa que uno es considerado una persona justa que jamás ha cometido pecado. Supongamos que un hombre ha sido juzgado y el tribunal lo declara culpable; como consecuencia, recibe un castigo. Más tarde se le concede una amnistía, y el tribunal lo absuelve; esto es un perdón. Pero ser justificado es como pasar por el juicio y ser declarado inocente.

Cuando el Señor nos salvó, no sólo nos perdonó sino que también nos justificó. ¡Así es la gracia! El derramamiento de la sangre del Señor Jesús resolvió contundentemente el problema de nuestro pecado, y ya que resucitamos juntamente con Él y en Él, Dios nos ve como si jamás hubiéramos pecado.

Dios hizo tal obra en Cristo que estamos tan completos como Cristo. En Colosenses 2:10 dice: "Y vosotros estáis llenos en El". Dios nos ve de la misma forma que a Cristo y nos ama de la misma manera que ama a Cristo. De hecho, Dios nos ve completos en Cristo.

PREGUNTA CUATRO

ROMANOS 4:7 Y HEBREOS 9:26

¿Han sido nuestros pecados cubiertos (Ro. 4:7) o quitados de en medio (He. 9:26)? ¿Cuál es la diferencia entre estos dos?

RESPUESTA

Nuestros pecados han sido quitados de nosotros, no simplemente cubiertos. Hebreos 9:26 dice muy claramente que ahora el Señor se ha manifestado una sola vez en la consumación de los siglos por el sacrificio de Sí mismo para *quitar de en medio* el pecado.

¿Entonces, cómo explicamos la palabra *cubiertos* que hallamos en Romanos 4:7? Debemos entender que este versículo se encuentra en Salmos 32:1. En el Nuevo Testamento, sólo este versículo dice que nuestros pecados fueron cubiertos delante de Dios. Ser cubiertos significa que los pecados de las personas del Antiguo Testamento sólo fueron cubiertos mas no eliminados hasta la muerte del Señor Jesús. "Y por eso es Mediador de un nuevo pacto, para que interviniendo una muerte para remisión por las transgresiones que había bajo el primer pacto..." (He. 9:15).

Recordemos en primer lugar que "la redención" o "la expiación" descrita en el Antiguo Testamento quiere decir "cubrir" en el idioma original. En el Nuevo Testamento esta palabra sólo aparece en Romanos 4:7. En segundo lugar, en la Biblia, la palabra *expiación,* con excepción de unos pocos casos, donde se traduce en conjunción con la palabra *cubrir,* se refiere a la ofrenda por el pecado, la cual denota un sacrificio ofrecido por nuestros pecados. Jesucristo es la ofrenda por el pecado. El se ofreció a Sí mismo por nuestros pecados. El no cubrió nuestros pecados.

El Señor Jesús vino para quitar nuestros pecados no para cubrirlos. "¡He aquí el Cordero de Dios, que *quita* el pecado del mundo!" (Jn. 1:29).

Pregunta cinco

LA PURIFICACION DE LOS PECADOS

¿Se efectúa la purificación de los pecados una sola vez o muchas veces?

RESPUESTA

La purificación de los pecados se efectúa una sola vez. Hebreos 1:3 dice: "Habiendo efectuado la purificación de los pecados, se sentó a la diestra de la Majestad en las alturas". En este versículo vemos que la obra de Dios de purgar los pecados se llevó a cabo. Hebreos 7:27 dice: "Porque esto lo hizo una vez para siempre, ofreciéndose a Sí mismo". Hebreos 9:12 dice: "Por su propia sangre, entró una vez para siempre en el Lugar Santísimo, obteniendo así eterna redención". Hebreos 9:25-26 dice: "Y no para ofrecerse muchas veces ... pero ahora una sola vez en la consumación de los siglos se ha manifestado para quitar de en medio el pecado por el sacrificio de Sí mismo". Hebreos 10:10, 12 dice: "Por esa voluntad somos santificados mediante la ofrenda del cuerpo de Jesucristo hecha una vez para siempre ... éste, en cambio, habiendo ofrecido un solo sacrificio por los pecados, se ha sentado para siempre a la diestra de Dios". Todos estos versículos nos muestran que la purificación de los pecados se efectuó una sola vez y para siempre.

La sangre de Cristo es preciosa por su eficacia, pues al ser derramada una sola vez fue suficiente para purgar los pecados, para llevar a cabo la purificación; no era así con la sangre de los toros y machos cabríos. Hebreos 10:1-4 dice: "Porque la ley ... nunca puede, por los mismos sacrificios que se ofrecen continuamente año tras año, perfeccionar a los que se acercan. De otra manera, ¿no habrían cesado de ofrecerse, por no tener ya los adoradores, una vez purificados, conciencia de pecado? Pero en estos sacrificios año tras año se hace memoria de los pecados; porque es imposible que la sangre de toros y de machos cabríos quite los pecados". Esta porción nos muestra claramente que la sangre de los toros y de los machos cabríos era sólo un recordatorio anual de los pecados del hombre; por lo tanto, tenía que seguir ofreciéndose. La sangre de los toros y los machos cabríos nunca puede quitar los pecados del hombre, pero la obra de la cruz lo hizo una vez y para siempre; no se le puede añadir nada más.

¿Cómo explicamos entonces 1 Juan 1:7, que dice: "Pero si andamos en luz, como Él está en luz, tenemos comunión unos con otros, y la sangre de Jesús Su Hijo nos limpia de todo pecado"? La limpieza que se menciona aquí es perdurable y continua. Existe una diferencia entre continua y repetitiva. *Continua* indica sin interrupción, sin detenerse; mientras que repetitiva denota volver a hacer el asunto veces varias. La limpieza continua indica que la sangre tiene eficacia perdurable ante Dios, que su efecto continúa, por lo cual no es necesario limpiarse una y otra vez. La sangre preciosa nos da amplia libertad ante Dios. Si no comprendemos la eficacia que tiene la sangre del Señor ante Dios, entonces consideraremos la sangre del Señor igual a la de los toros y machos cabríos. Aun después de que el hombre haya cometido pecados, la sangre no lo limpia otra vez, sino que cuando él confiesa los pecados, cree que la sangre lo lavó y obtiene la paz.

Supongamos que un pecador quiere ser salvo. ¿Llega a ser salvo por creer que Cristo murió por él, o porque Cristo viene a morir por él en ese momento? El pecador es salvo cuando cree que Cristo ya murió por él. Cuando un creyente comete algún pecado, ¿obtiene la paz al creer que la sangre de Cristo le ha limpiado de sus pecados, o cuando Cristo viene nuevamente a derramar Su sangre y limpiarlo? Obtiene la paz al creer que la sangre de Cristo ya lo lavó.

Veamos lo que en tipología significan las cenizas de una becerra alazana (rojiza) descrita en Números 19. La becerra tenía que reunir tres condiciones: (1) no debía tener mancha ni defecto, lo cual tipifica la ausencia total de pecado del Señor; (2) nunca se le había puesto yugo, lo cual tipifica que el

Señor jamás fue esclavo de Satanás; y (3) debía ser alazana, de color rojizo, lo cual significa que el Señor cargó con nuestros pecados. El color rojo tipifica el pecado, según se muestra en Isaías 1:18: "Si vuestros pecados fueren como la grana ... si fueren rojos como el carmesí". El color rojo se encuentra en la piel y el pelo de la becerra y no en su interior, lo cual es semejante al Señor Jesús, que no tiene pecado, pero llevó sobre Sí los pecados del hombre. La becerra alazana es sacada del campamento para ser quemada fuera (Nm. 19:3), igual que el Señor, el cual padeció fuera de la puerta (He. 13:12). La becerra alazana era usada como ofrenda por la expiación de los pecados (Nm. 19:4) y su sangre era rociada sobre el tabernáculo de reunión, pero si se usaba para la purificación, se rociaba sobre el individuo. Esta becerra era quemada de un modo diferente al de los demás sacrificios: "Y hará quemar la vaca ante sus ojos; su cuero y su carne y su sangre, con su estiércol, hará quemar. Luego tomará el sacerdote madera de cedro, e hisopo, y escarlata, y lo echará en medio del fuego en que arde la becerra" (Nm. 19:5-6). La madera de cedro y el hisopo representan toda la creación (1 R. 4:33: "desde el cedro ... hasta el hisopo"), y la escarlata representa el pecado. Estos pasajes nos ayudan a entender que todos los pecados del mundo, desde Adán, fueron incluidos en la muerte del Señor Jesús. Cuando el Señor llevó nuestros pecados a la cruz, se efectuó la obra más completa e ilimitada de todo el universo, a la cual nada se le puede añadir.

Aunque la becerra alazana moría, las cenizas permanecían, lo cual demostraba que la becerra había sido sacrificada. ¿Para qué servían las cenizas? "Y para el inmundo tomarán de la ceniza de la vaca quemada de la expiación, y echarán sobre ella agua corriente en un recipiente ... y el limpio rociará sobre el inmundo ... y cuando lo haya purificado al día séptimo..." (Nm. 19:17, 19). Las cenizas cumplían la función de quitar los pecados continuamente, lo cual indica que cuando creímos en la muerte substitutiva del Señor, nuestros pecados fueron perdonados y por esto tenemos que confesar continuamente nuestros pecados y obtener el perdón. La limpieza que se menciona en 1 Juan 1:7—2:1 corresponde a la acción de las cenizas de la becerra roja.

Tengamos presente que si nosotros, infortunadamente cometemos pecado, no es necesario que otra vaca alazana sea sacrificada, pues las cenizas de la primera conservan su eficacia ante Dios. Damos gracias a Dios porque Cristo cargó con todos nuestros pecados en la cruz, y no sólo pagó nuestras deudas pasadas sino que Él ha dejado suficientes fondos para pagar todas nuestras deudas futuras. ¡Esta es la obra de Dios! ¡Este es el evangelio!

PREGUNTA SEIS

LEVITICO 4:1-7

¿Por qué la sangre por la ofrenda del pecado, mencionada en Levítico 4:1-7, se llevaba al tabernáculo de reunión y se rociaba siete veces hacia el velo del santuario delante de Dios y, según la ley sobre la limpieza de los leprosos, en Levítico 14:1-7, la sangre era rociada sobre ellos siete veces?

RESPUESTA

En primer lugar, tengamos en cuenta lo siguiente. Según la Biblia, ¿quién es El que exige la sangre? Dios. ¿Por qué la exige? Cuando los hijos de Israel pecaron, ¿por qué no les perdonó y tuvo misericordia de ellos? Si Dios hubiera hecho tal cosa, habría actuado fuera de la justicia. ¿Podía el publicano simplemente pedir misericordia y piedad? No, lo que le dijo a Dios fue: "Dios, sé propicio a mí, pecador" (Lc. 18:13). El pecado debe ser juzgado y castigado, y sólo cuando uno se acerque a Dios con la sangre, El puede perdonarle porque sin derramamiento de sangre no hay perdón (He. 9:22). Esta es la justicia de Dios.

Algunos oran así: "Oh, Dios, si quieres perdonarme, por favor hazlo. Si es Tu voluntad el perdonarme, por favor perdóname", pero el perdón no se relaciona con Su voluntad, pues Dios no otorga el perdón basándose en si quiere hacerlo o no. Aunque Dios es misericordioso y desea ser clemente y perdonarnos, El no puede perdonar sin derramamiento de sangre. Dios sólo puede perdonar cuando la sangre está de por medio porque El es justo.

Al ser rociada la sangre siete veces ante Dios, ella satisface lo que El exige y, por ende, El perdona los pecados del hombre. Cuando hay pecado, debe derramarse sangre, porque éste es el justo requisito de Dios. Supongamos que alguien cometió un asesinato, es llevado a la corte y suplica misericordia. El juez se apiada y le perdona, pero más tarde una segunda persona y una tercera cometen el mismo crimen, le suplican y él las absuelve por misericordia. Si el juez les perdona a todos, ocasionaría un caos porque entonces todos los homicidas podrían pedir misericordia y salir en libertad y todos podrían matar impunemente. Si no hubiese castigo por los pecados, reinaría la injusticia.

La ley de Dios determina que todo el que peque debe morir; tiene que haber derramamiento de sangre. El Señor Jesús vertió su sangre preciosa y satisfizo lo que requería la ley de Dios; por lo tanto, somos salvos no sólo por la gracia de Dios sino, mucho más, por Su justicia. La sangre de la ofrenda por el pecado debe ser entregada a Dios, porque sin sangre Dios no puede perdonar aunque lo desee. El no puede perdonar a un pecador si no hay sangre de por medio, debido a Su justicia.

Para poder entender lo que significa la aspersión de la sangre siete veces sobre el leproso, debemos notar que el leproso de Levítico 14:1-7 no quedaba sano después de la aspersión de la sangre, pues ya debía estar sano antes de que le fuese rociada la sangre. ¿Qué quiere decir esto? Puesto que el leproso ya había sido sano, sólo lo era ante los hombres. Para que Dios le considerara limpio debía derramarse la sangre, ya que el requisito de Dios es la sangre. Después de que el leproso fue sano, los hombres le podían aceptar, pero sin la sangre seguía siendo inmundo delante de Dios.

En Mateo 8:1-4 cuando el Señor Jesús sanó al leproso, le ordenó que presentara la ofrenda que Moisés había ordenado (en aquel momento, el Señor no había ido a la cruz; por eso le instó a cumplir el respectivo precepto del Antiguo Testamento). Aunque el Señor le limpió ante los hombres, él todavía no era limpio ante Dios y, por consiguiente, necesitaba el derramamiento de sangre. Esto muestra que no importa cuán honesta o íntegra sea una persona, si no tiene la sangre, sigue siendo inmunda ante Dios.

La sangre satisface los justos requisitos de Dios y es vertida no sólo para purificar nuestra conciencia sino también para cumplir lo que exige la ley de Dios, y sin ella nosotros no podemos ser salvos ya que somos pecadores. No somos salvos porque lo merezcamos sino porque el Señor vertió Su sangre y Dios nos aceptó. Nos atrevemos a acercarnos a Dios por la eficacia de la sangre que el Señor Jesús derramó y no por nuestros propios méritos. La sangre satisface a Dios y hace que El reconozca que estamos limpios.

Pregunta siete
EL PECADO Y LOS PECADOS

¿Las palabras *pecado* y *pecados* se usan con diferente significado en la Biblia?

RESPUESTA

La diferencia entre *pecado y pecados* radica en que pecado es singular y pecados es plural. En el Antiguo Testamento no existe ninguna diferencia entre pecado y pecados, pero sí se presenta una diferencia muy significativa en el Nuevo Testamento.

Hagamos una lista de las veces que aparece la palabra *pecado* en estas dos formas, singular y plural, en el Nuevo Testamento. La palabra *pecado* es *armatia* en griego.

Pecado en singular: Mt. 12:31; Jn. 1:29; 8:21, 34 (dos veces), 46; 9:41 (dos veces); 15:22 (dos veces), 24; 16:8, 9; 19:11; Hch. 7:60; Ro. 3:9, 20; 4:8; 5:12 (dos veces), 13 (dos veces), 20, 21; 6:1, 2, 6 (dos veces), 7, 10, 11, 12, 13, 14, 16, 17, 18, 20, 22, 23; 7:7 (dos veces), 8 (dos veces), 9, 11, 13, (tres veces), 14, 17, 20, 23, 25; 8:2, 3 (tres veces), 10; 14:23; 1 Co. 15:56 (dos veces); 2 Co. 5:21 (dos veces); Gá 2:17; 3:22; 2 Ts. 2:3 (Reina-Valera 1960); He. 3:13; 4:15; 9:26, 28; 10:6, 8, 18; 11:25; 12:1, 4; 13:11; Jac. [Stg.] 1:15 (dos veces); 2:9; 4:17; 1 P. 2:22; 4:1; 1 Jn. 1:7, 8; 3:4 (dos veces), 5, 8, 9; 5:16 (tres veces), 17 (dos veces).

Pecados en plural: Mt. 1:21; 3:6; 9:2, 5, 6; 26:28; Mr. 1:4, 5; 2:5, 7, 9, 10; Lc. 1:77; 3:3; 5:20, 21, 23, 24; 7:47, 48, 49; 11:4; 24:47; Jn. 8:24 (dos veces); 9:34; 20:23; Hch. 2:38; 3:19, 5:31; 10:43; 13:38; 22:16; 26:18; Ro. 4:7; 7:5; 11:27; 1 Co. 15:3, 17; Gá. 1:4; Ef. 2:1; Col. 1:14; 1 Ts. 2:16; 1 Ti. 5:22, 24; 2 Ti. 3:6; He. 1:3; 2:17; 5:1, 3; 7:27; 8:12; 9:28; 10:2, 3, 4, 11, 12, 17, 26;

Jac. 5:15, 20; 1 P. 2:24 (dos veces); 3:18; 4:8; 2 P.1:9; 1 Jn. 1:9 (dos veces); 2:2, 12; 3:5; 4:10; Ap. 1:5; 18:4, 5.

Cuando leemos todos estos versículos vemos la sabiduría de Dios al escribir la Biblia y le alabamos diciendo: "Oh, Dios, te adoramos".

La diferencia entre *pecado* y *pecados* es la siguiente: cada vez que la Biblia menciona la conducta pecaminosa del hombre como el orgullo, la envidia, la mentira y así sucesivamente, usa la forma plural: *pecados*. La palabra *pecado* en singular, nunca se usa en la Biblia con relación al comportamiento externo, pero tiene dos connotaciones diferentes.

En primer lugar, el pecado es el amo y el poder que controla o domina y es lo que comúnmente llamamos *la fuente o la raíz del pecado*, y aunque estas expresiones no constan en la Biblia, las usaremos por el momento. En las Escrituras dice que el pecado reina y controla como un dueño absoluto. El pecado, en singular, nos domina, nos dirige y nos induce a cometer pecados.

En segundo lugar, el pecado se refiere al problema mismo del pecado. Cada vez que la Biblia menciona el perdón que Dios da, usa el plural, *pecados*, ya que necesitamos ser perdonados por nuestra conducta. El perdón no elimina la naturaleza pecaminosa de la que estamos constituidos. Decir que Dios perdona el pecado, en singular, es incorrecto ya que Dios sólo perdona los pecados, en plural. Como el pecado en singular es el amo, el poder, no somos directamente responsables de él, no se quita de en medio con el perdón. Los pecados necesitan el perdón porque se refieren a nuestra conducta, y nosotros somos responsables de ellos y por ellos recibimos castigo; para ellos necesitamos el perdón. En la Biblia siempre que se confiesan los pecados, se usa el plural. El *pecado* en singular no se refiere a la conducta y, por ende, no requiere confesión, pero en plural se refiere a la conducta y requiere confesión. La muerte de Cristo tiene como fin salvarnos de nuestros pecados. "Y llamarás Su nombre Jesús, porque Él salvará a Su pueblo de sus pecados" (Mt. 1:21). Esto significa que el Señor Jesús nos salva de los múltiples pecados de nuestro comportamiento.

Cuando el Señor Jesús les dijo a los judíos: "Moriréis en

vuestros pecados" (Jn. 8:24), El usó el plural, pecados, y no la forma singular, pecado. La Biblia no dice que Cristo murió por nuestro pecado (singular) sino por nuestros pecados (plural). "Y vosotros estabais muertos en vuestros delitos y pecados" (Ef. 2:1). El plural indica que nosotros vivíamos en pecados (plural) tales como el orgullo, la inmundicia, la envidia y demás, y estábamos muertos en pecados (plural) no en pecado (singular). Quitar los pecados, según se menciona en Hebreos 10:4, se refiere a eliminar nuestros pecados (plural), y la conciencia de los pecados de la cual habla Hebreos 10:2 también alude a los pecados.

¿Por qué no tenemos conciencia de pecados después de que la sangre del Señor ha lavado nuestra conciencia? Nuestra conciencia nos acusa delante de Dios de pecados específicos, como por ejemplo, la ira y el orgullo. Ya que la sangre del Señor Jesús nos concedió el perdón de tales pecados, nuestra conciencia ya no puede acusarnos de ellos. La sangre elimina los pecados. Si la sangre del Señor nos limpiara del pecado (singular), no veríamos pecado en nuestra experiencia, pues si la sangre quitara de en medio el pecado (singular), estaríamos libres del poder del pecado, el cual nos induce a cometer pecados; pero éste no es el caso. La sangre del Señor Jesús nos ha lavado de tal manera que nuestra conciencia no nos acusa de nuestros pecados pasados; esto no significa que el pecado esté ausente; significa que ya no tenemos conciencia de pecado; que nuestra conciencia ya no nos acusa de esos pecados porque ya la sangre nos lavó.

¿Cómo podemos ser libres del pecado (singular) que nos domina? "Sabiendo esto, que nuestro viejo hombre fue crucificado juntamente con El para que el cuerpo de pecado sea anulado, a fin de que no sirvamos más al pecado como esclavos" (Ro. 6:6). En este versículo se mencionan tres asuntos: (1) el cuerpo de pecado, (2) el hombre viejo y (3) el pecado. Se le llama cuerpo de pecado porque el pecado induce el cuerpo a actuar como una marioneta incitándolo a pecar valiéndose del hombre viejo, el cual, por un lado, es inducido a pecar, y por otro, hace que el cuerpo peque. Así que el hombre viejo está entre el pecado y el cuerpo. El hombre viejo es nuestra personalidad. El pecado seduce, y el hombre viejo consiente y hace que el cuerpo peque. Algunos dicen que la muerte del Señor Jesús erradicó el pecado, lo cual es erróneo porque lo que hizo el Señor fue quitar de en medio el viejo hombre; así que el pecado y el cuerpo de pecado todavía están presentes, pero el viejo hombre el cual se encontraba entre ellos fue anulado. El hombre como persona sigue existiendo, pero el pecado no puede manipular al hombre nuevo. Aunque el pecado (singular) permanece, ya no somos sus esclavos; ya no somos esclavos del pecado porque el hombre viejo, el cual incitaba al cuerpo a pecar, ha sido crucificado. ¿Qué ocurre entonces con el cuerpo? Antes practicaba el pecado, ahora quedó sin utilidad.

En Hebreos 1:3 al decir que el Señor efectuó la purificación de los pecados, no se refiere a la raíz del pecado (singular), sino que el castigo por los pecados (en plural) ha sido eliminado.

¿Cómo podemos explicar el versículo que dice: "He aquí, el Cordero de Dios que quita el pecado del mundo" (Jn. 1:29)? Puesto que *el pecado* del mundo está en singular, ¿indica esto que la raíz de pecado ha sido erradicada? No, porque eso significaría que la raíz de pecado de los creyentes quedaría eliminada junto con la de todo el mundo. El significado de este versículo es que el Cordero de Dios resolvió el problema del pecado para todo el mundo, no que haya eliminado la raíz del pecado de todo el mundo, y esto concuerda con Romanos 5:12, que dice: "El pecado entró en el mundo por medio de un hombre". El pecado debe ser eliminado por otro hombre. El Señor quitó de en medio el pecado del mundo y resolvió el problema.

¿Cómo resolvemos el problema del pecado (singular)? "Así también vosotros, consideraos muertos al pecado" (Ro. 6:11). Por la muerte de Cristo, los pecados (plural) fueron eliminados, mientras que el pecado (singular) fue anulado al morir nosotros juntamente con Cristo. Esto quiere decir que nos *consideramos* muertos; y si así nos damos por muertos, aunque el pecado todavía tenga el poder de dominar, no podrá vencernos.

Nuevamente encontramos el *pecado* en singular en 1 Juan 1:7, donde dice: "Pero si andamos en luz, como El está en luz, tenemos comunión unos con otros, y la sangre de Jesús Su Hijo nos limpia de todo pecado". Este versículo no indica que la sangre del Señor Jesús elimina la raíz del pecado; la primera parte del versículo muestra que si andamos en luz como El está en luz, tenemos comunión unos con otros y luego dice que la sangre de Su Hijo también nos limpia de todo pecado. Si esta limpieza se refiriera a nuestra naturaleza pecaminosa y si anduviéramos en la luz como Dios está en la luz, entonces no tendríamos pecados ni sería necesario que la sangre del Señor Jesús nos limpiase. Cuando andamos a la luz del evangelio, cuando Dios nos ilumina con Su luz, vemos que la sangre del Señor resuelve todos los problemas en relación con nuestro pecado. El versículo 9 nos muestra claramente que tenemos pecados. Nuevamente tenemos pecados. Por lo tanto, podemos ver que *el pecado* se refiere al pecado que nos domina como amo, mientras que *los pecados* se refiere a nuestra conducta. *El pecado* se refiere al asunto en su totalidad, mientras que *los pecados* se refiere a los actos específicos.

"Al que no conoció pecado, por nosotros lo hizo pecado" (2 Co. 5:21). La palabra *pecado* está en singular; el Señor Jesús fue hecho pecado, no pecados, por nosotros. ¿Por qué la palabra *pecado* se usa en singular aquí? Porque el Señor no conoció lo que era el pecado. No sirvió al pecado ni conoció el poder del pecado, mas fue hecho pecado, el problema mismo que es el pecado, para que Dios lo juzgara. Hacerse pecado significa que Dios lo trató a El como Dios trataría nuestro pecado. Si el Señor se hubiera hecho pecados, también tendría faltas en Su conducta y sería un pecador; también tendría orgullo, celos, inmundicia y demás pecados. Damos gracias a Dios porque El no hizo al Señor Jesús pecados sino que lo consideró el pecado mismo. Cuando el Señor Jesús murió, el problema del pecado del mundo quedó completamente resuelto.

Finalmente, concluyamos con la pregunta que se presenta en el libro de Romanos. Los primeros ocho capítulos se relacionan con el problema del pecado y los pecados. Romanos 1:1—5:11, la primera sección, trata el problema de los pecados (plural); mientras que Romanos 5:12—8:12, la segunda sección, habla del pecado (singular). Con excepción del capítulo siete donde se habla de los pecados, todas las referencias de la segunda sección aparecen en singular. La primera sección abarca el aspecto de los pecados específicos de nuestra conducta. El registro de pecados y sus consecuencias deben ser quitados y eliminados. Por lo tanto el Señor Jesús vino para llevar y quitar de en medio nuestros pecados. La segunda sección dice que Dios no sólo perdona nuestros pecados (plural), sino que nos libra del pecado que nos domina; Dios no sólo perdona nuestros pecados y nos libra del castigo, sino que además nos salva del pecado y de pecar.

En la primera sección se muestra la sangre preciosa, mientras que la segunda sección habla de la cruz. La primera sección es la resurrección del Señor por nosotros, mientras que la segunda sección muestra que resucitamos juntamente con el Señor. La primera sección habla de la crucifixión del Señor Jesús y el derramamiento de la sangre por nosotros, y la segunda sección muestra que fuimos crucificados juntamente con Él. La primera sección habla del perdón, y la segunda, de la liberación. La primera sección presenta la justificación, y la segunda, la santificación. En la primera sección se resuelve el castigo que merecemos por pecar, mientras que en la segunda somos librados del poder del pecado. Todos necesitamos experimentar estas dos secciones.

Cuando uno cree en el Señor, se preocupa por todos los pecados que ha cometido; cada pecado es presentado, y uno se da cuenta de que no había nada bueno ni por dentro ni por fuera de uno, y se pregunta cómo el Dios justo, el Señor justo, le pudo perdonar los pecados. Cuando comprendemos que el Señor llevó sobre Sí todos nuestros pecados y que Su sangre nos limpió y nos concedió el perdón, nos regocijamos. Dado que nuestros pecados fueron perdonados, podemos estar firmes en la gracia de Dios y regocijarnos en la esperanza de la gloria de Dios. Ahora creemos que podemos obrar bien. Pero día tras día descubrimos que todavía mentimos como lo hacíamos antes. ¿Qué debemos hacer? Pedirle al Señor que nos perdone. Él sigue perdonándonos, y Su sangre todavía es eficaz. Uno decide no volver a pecar. Al principio todo va bien, pero a medida que transcurre el tiempo, uno se descuida y vuelve a pecar; acude nuevamente al Señor, pide perdón y decide nuevamente no volver a pecar, pero vuelve a pecar y a tropezar. Al comienzo de la vida cristiana uno no sólo reconoce la perversidad de sus pecados externos sino que percibe que el pecado interno se enseñorea de uno. Tomemos por ejemplo, una persona que se dedica a los juegos de azar; antes ella reconocía que su conducta no era apropiada, pero desde que creyó en el Señor, se da cuenta de que dentro de ella hay un amo muy poderoso que la induce a hacer cosas que no quiere hacer, pero al final las hace. Cada uno de nosotros tiene un pecado específico que lo enreda. Recordamos lo felices que nos sentíamos cuando fuimos salvos, pero ahora sufrimos más que cuando no lo éramos. ¿Cómo podemos vencer los pecados? Le preguntamos al Señor si hay una salvación más profunda. Romanos 5:12—8:39 presenta una salvación más profunda. Si la sangre fuera todo lo que Dios necesitara, El habría podido usar otro método para hacer que el Señor Jesús derramara Su sangre. ¿Por qué tuvo que morir Cristo en la cruz? Porque Dios no sólo quiso mostrarnos que el castigo por nuestra conducta era perdonado por medio de Jesús, el Salvador, sino que, además, nuestra persona fue crucificada juntamente con El. El Señor Jesucristo fue crucificado por nuestros pecados y nos incluyó en Su crucifixión para que fuésemos crucificados juntamente con El. No sólo los pecados del impío están en la cruz, sino que él mismo fue clavado en la cruz. No sólo nuestros pecados estuvieron en la cruz, sino que todos nosotros que estamos en Cristo estuvimos en la cruz con El. No sólo la sangre del Señor Jesús derramada en la cruz limpió nuestros pecados, sino que también Dios tomó Su muerte como la nuestra hace mil novecientos años. Al principio creímos que el Señor Jesús murió por nosotros, y hoy sabemos que Su muerte es nuestra muerte. Puesto que el Señor murió, nosotros también morimos. Ya que creemos que murió, debemos creer que Su muerte es nuestra. Por esta razón, aunque el pecado todavía está presente, ya no puede inducir a aquel que está muerto ya que dicha persona, ya muerta, ha sido librada del pecado. Una vez que el hombre muere, el pecado no puede actuar porque aunque el pecado esté vivo, la persona está muerta. Dios perdona nuestros pecados externos, pero no perdona nuestro pecado interno. El crucificó nuestro viejo hombre para que el pecado que mora en nosotros no tenga poder para arrastrarnos. Puesto que ya nos damos por muertos, no tenemos que procurar morir porque ya morimos; es decir, no creemos que debemos morir porque ya estamos muertos. Cuando nos sintamos débiles e inmundos, debemos tener presente que Dios ya puso fin a todos estos asuntos en la cruz, y si miramos a Cristo con los ojos de la fe y creemos que fuimos crucificados juntamente con Él, veremos el poder de Cristo en salvarnos y librarnos del poder del pecado que está en nosotros. El primer paso de la salvación nos da paz y satisfacción y nos trae alegría. El segundo paso nos da poder para ser librados de pecar y andar en la senda del Señor. Es posible que sintamos la opresión del poder del pecado, pero cuán maravilloso sería que pudiéramos vencerlo. Podemos vencer el poder del pecado mediante la liberación, no mediante el perdón. Ya que el amo fue reemplazado, el hombre viejo ya no tiene control sobre nosotros. Todos debemos tomar este camino.

Pregunta ocho

LA GRACIA Y LA JUSTICIA

¿Somos salvos por la gracia de Dios o por Su justicia? ¿Qué parte de la salvación se lleva a cabo por la gracia de Dios y qué parte se ejecuta por Su justicia?

RESPUESTA

Efesios 2:8 dice: "Porque por gracia habéis sido salvos", lo cual indica que somos salvos por la gracia de Dios.

Leemos en Romanos 3:25 y 26: "A quien Dios ha presentado como propiciatorio por medio de la fe en Su sangre, para la demostración de Su justicia ... con la mira de demostrar Su justicia en este tiempo, a fin de que El sea justo, y el que justifica al que es de la fe de Jesús". Estos versículos nos muestran que la salvación también se logra por la justicia de Dios.

La gracia de Dios nos dio un Salvador para que fuéramos salvos (Jn. 3:16), mientras que Su justicia hace que la salvación se realice en nosotros a fin de que seamos salvos. La parte que abarca desde el nacimiento del Señor hasta su muerte, Su resurrección y Su ascensión, se cumple en nosotros por medio de la gracia de Dios, y la parte que va desde la ascensión hasta el presente se lleva a cabo en nuestro favor por Su justicia.

La gracia se concede o se retiene según el beneplácito de Dios, pero la justicia no da opción; ya que Cristo murió y resucitó, Dios tiene que salvar a uno cuando uno cree. Si uno cree y Dios no lo salva, entonces El no es justo. ¿Qué dice 1 Juan 1:9? ¿Acaso dice: "Si confesamos nuestros pecados, El es *misericordioso* y *amoroso* para perdonar nuestros pecados, y limpiarnos de toda injusticia"? No; el versículo dice: "El es *fiel* y *justo*". La sangre de Su Hijo nos limpió de todo pecado, y cuando creemos, Dios está obligado a salvarnos. El no puede ser infiel porque Su Palabra ya fue expresada y no puede ser injusto porque la sangre de Su Hijo ya fue derramada; por lo tanto, agradecemos y alabamos a Dios porque El nos debe salvar.

Toda injusticia es pecado, y Dios no puede ser injusto; por lo tanto, El nos debe salvar. Si decimos que El no nos perdona, daríamos a entender que Dios es injusto e infiel. Tenemos que asirnos de la justicia de Dios porque El se deleita en esto, y a la vez le honramos.

PREGUNTA NUEVE

LA JUSTICIA DE DIOS Y LA DE CRISTO

¿Somos salvos por la justicia de Dios (Ro. 3:21-26) o por la justicia de Cristo? ¿Cuál es el significado y la diferencia de cada una?

RESPUESTA

La justicia de Dios es la que nos salva. ¿En qué consiste la justicia de Dios? Romanos 3:25 y 26 dice: "A quien Dios ha presentado como propiciatorio por medio de la fe en Su sangre, para la demostración de Su justicia, a causa de haber pasado por alto, en Su paciencia, los pecados pasados, con la mira de demostrar Su justicia en ese tiempo, a fin de que El sea justo, y el que justifica al que es de la fe de Jesús". El propiciatorio estaba en el arca y allí se encontraba Dios con el hombre. Pero Dios puso a Jesús como propiciatorio al llegar al hombre por medio de Cristo. Si no hubiera existido el propiciatorio, el cual cubría el arca, la ley que se encontraba en el arca habría condenado el pecado del hombre. Pero al hallarse la sangre sobre el propiciatorio, la ley no podía condenar el pecado del hombre, porque sus requisitos se han cumplido. Así, Dios expresa Su justicia y demuestra que El es justo.

Según la ley, todo aquel que pecare debe morir, pero ya que el Señor Jesús murió por nosotros, no tiene que morir. Por eso Dios concede el perdón de acuerdo con Su justicia. Supongamos que alguien le pide que le preste cien dólares y le firma un documento como garantía. Cuando él cancela la suma, usted le debe devolver el documento, pues la deuda se ha saldado. Si usted no se lo devuelve y le sigue exigiendo pagos, usted no sería justo. El hombre pecó y merece morir; pero si aplica la sangre de Cristo para pagar su deuda de pecado, Dios no le puede exigir nada más. Al ser perdonados por la justicia de Dios, no importa cuáles sean las circunstancias, Dios nos debe perdonar porque el Señor Jesús murió por nosotros.

En 1 de Juan 1:9 dice: "Si confesamos nuestros pecados, El es fiel y justo para perdonarnos nuestros pecados, y limpiarnos de toda injusticia". La palabra "fiel" se refiere a la palabra de Dios, o sea que, lo que Dios dice se hace; pero la palabra "justicia" indica que la obra de Cristo ya se cumplió. Puesto que Cristo satisfizo los requisitos de Dios para con nosotros, Dios ya no nos exige nada. La Palabra de Dios dice que todo el que crea, será perdonado. Cuando nosotros creemos, Dios nos debe perdonar, y debido a que Cristo murió, los requisitos de Dios fueron satisfechos, y Dios no nos debe exigir nada. El perdón que Dios concede por los pecados que el hombre haya cometido y Su justicia para con los que creen, manifiestan claramente que El es justo.

Dios no sólo nos justifica sino que también desea que le consideremos justo. Es decir, El quiere que comprendamos que El es justo con nosotros. Jesús es un hombre igual que nosotros, y así como el pecado entró por un hombre, también por un hombre fue quitado de en medio. El pecado de Adán no fue tan sólo el pecado de un individuo, sino el de toda la humanidad; Adán es la cabeza, y todos nosotros formamos parte de él. Lo mismo se aplica a Cristo. Cuando El murió, nosotros también morimos, y cuando resucitó, la vida fluyó y nos fue impartida. No tenemos que rogarle a Dios que nos perdone. Puesto que Cristo murió por nosotros, Dios tiene que perdonarnos. Cuando creemos, somos salvos.

En ninguna parte del Nuevo Testamento dice que por medio de la justicia de Cristo somos salvos.

La justicia de Cristo sólo lo hace apto para ser nuestro Salvador y está relacionada con la vida ejemplar que El mostró mientras estuvo en la tierra. El nos salva por Su muerte y no por Su justicia. Su muerte cumple la justicia de Dios, la cual es semejante al velo de cuatro materiales que cubría el tabernáculo. El es el único que puede presentarse ante Dios; todos los demás se encontraban fuera del velo. Pero cuando el velo fue rasgado (cuando Cristo murió), se abrió un camino nuevo y vivo para que pudiéramos acercarnos a Dios (He. 10:20).

Entonces, ¿cómo explicamos 1 Corintios 1:30: "Mas por Él estáis vosotros en Cristo Jesús, el cual nos ha sido hecho de parte de Dios, sabiduría: justicia y santificación y redención"? En 1 Pedro 3:18 leemos: "El Justo por los injustos". Si nos preguntáramos si estos dos versículos se refieren a la justicia de Cristo, responderíamos que no es así. En 1 Corintios dice que Cristo mismo llegó a ser nuestra justicia, pero en 1 Pedro 3 dice que el Señor Jesús es justo; Él es el único apto para ser nuestro substituto, ya que nosotros somos injustos.

En 2 Pedro 1:1 dice: "Simón Pedro, esclavo y apóstol de Jesucristo, a los que se les ha asignado, en la esfera de la justicia de nuestro Dios y Salvador Jesucristo, una fe igualmente preciosa que la nuestra". Esta justicia también puede traducirse "equidad" o "imparcialidad". Puesto que Él no hace acepción de personas, ha concedido la misma fe preciosa tanto a los que llegan primero como a los que llegan más tarde, y tanto a los judíos como a los gentiles (cfr. Hch. 10:34, 44; 15:8-9).

Pregunta diez

CRISTO Y LA JUSTICIA

¿Cuál es la diferencia entre la justicia de Cristo y Cristo como justicia?

RESPUESTA

En 1 Corintios encontramos a *Cristo como justicia*: "Mas por Él estáis vosotros en Cristo Jesús, el cual nos ha sido hecho de parte de Dios sabiduría: justicia y santificación y redención", lo que significa que Dios hizo a Cristo nuestra justicia. La justicia de Cristo es la vida perfecta y cabal que Él expresó mientras vivió en la tierra como hombre y también Su virtud personal. El hecho de que Cristo llegue a ser nuestra justicia significa que Dios nos da a Cristo y hace que Él mismo sea nuestra justicia. La justicia de Cristo está relacionada con Su bondad, mientras que el hecho de que Él mismo sea justicia se refiere a Su misma persona.

De las cinco ofrendas, la justicia de Cristo equivale a la ofrenda de harina, la cual no contenía sangre debido a que tipificaba la excelente conducta y la virtud personal de la vida del Señor Jesús. También Cristo como justicia equivale al holocausto, de olor grato a Dios, lo cual tipifica que Cristo ha sido aceptado por Dios. Al tener nosotros a Cristo como justicia, lo ofrecemos a Dios cuando nos presentamos ante Él, y de esta manera Dios nos acepta como acepta a Cristo y nos considera perfectos como Cristo. La ofrenda por el pecado se ofrece por el pecado de nuestra vida, y la ofrenda de la transgresión, por nuestros pecados diarios. Estas dos ofrendas están relacionadas con el pecado, mientras que el holocausto hace que Dios nos considere tan buenos como Cristo. El Antiguo

Testamento usa la expresión: "Jehová, justicia nuestra" (Jer. 33:16), lo cual significa que Dios mismo es nuestra justicia. Si Cristo es nuestra justicia, podemos satisfacer todas las exigencias de Dios.

Pregunta once

LA PERSECUCION CONTRA JESUS

¿Qué aspecto de Dios se revela al ser perseguido el Señor Jesús? Y ¿qué descubrimos de Dios con la muerte del Señor Jesús?

RESPUESTA

En la persecución contra el Señor Jesús, se revela y se expresa el amor de Dios, mientras que Su muerte expresa la justicia de Dios.

Si el Señor Jesús hubiera expresado en la tierra sólo Su justicia, no habría tenido tanta oposición. Pero al acoger a los recaudadores de impuestos y a los pecadores, expresaba amor, no simplemente justicia. Debido a esto, los fariseos lo criticaban (Mt. 9:11). Cuando el Señor sanó a un hombre enfermo en día de sábado, los fariseos acordaron matarlo (Mt. 12:10-14). El Señor dijo a los discípulos de Juan el Bautista: "Id, y haced saber a Juan las cosas que oís y veis: los ciegos reciben la vista, los cojos andan, los leprosos son limpiados, los sordos oyen, los muertos son resucitados, y a los pobres es anunciado el evangelio; y bienaventurado es el que no tropieza a causa de Mí" (Mt. 11:4-6). Todo lo que el Señor presenta aquí es gracia. El dijo: "Bienaventurado es el que no tropieza a causa de Mí", pues temía que alguno tropezara por Su gracia abundante. El Señor dijo: "Y en verdad os digo que muchas viudas había en Israel en los días de Elías, cuando el cielo fue cerrado por tres años y seis meses, y hubo una gran hambre en toda la tierra; pero a ninguna de ellas fue enviado Elías, sino a la ciudad de Sarepta de Sidón, a una mujer viuda. Y muchos leprosos había en Israel en tiempo del profeta Eliseo; pero ninguno de ellos fue limpiado, sino Naamán el sirio" (Lc. 4:25-27). Esto expresa el amor ya que una viuda es una persona de la cual se tiene piedad, pese a ser de los gentiles, a quienes los judíos despreciaban. Cuando el Señor dijo estas palabras, todos los que estaban en la sinagoga se llenaron de ira, se levantaron, le echaron fuera de la ciudad y trataron de lanzarlo abajo desde la cumbre de un monte. El hecho de que el Señor sólo expresara el amor de Dios en todo lo que hacía mientras estuvo en la tierra, suscitó mucha persecución.

Por lo tanto, la muerte del Señor muestra la justicia de Dios, ya que el Señor llevó sobre Sí los pecados del hombre en la cruz, fue juzgado por Dios y cumplió los requisitos de la ley.

Agradecemos al Señor porque El primero llega a ser el amigo de los pecadores y luego su Salvador. Primero nos ama y luego obra en nosotros para que creamos y recibamos la redención que El llevó a cabo en la cruz.

PREGUNTA DOCE

LAS DOS NATURALEZAS DE CRISTO

¿Por qué en el plan de redención de Dios, Cristo tiene que ser Dios y hombre al mismo tiempo?

RESPUESTA

Supongamos que tenemos tres personas a las que llamamos A, B y C. La persona C peca, y A le dice a B que muera por C. Esto demuestra que A ama a C y que C ha cumplido los requisitos ante la ley. Sin embargo, no parece muy justo que B muera. Yo fui el que pecó, y Dios decidió que Cristo muriera por mí. Aunque esto demuestra el amor de Dios y satisface los requisitos de la ley, no es justo para Cristo. Sólo es justo si Cristo es tanto Dios como hombre.

En primer lugar, necesitamos saber lo que significa el perdón. Significa que quien perdona asume las pérdidas, lo cual quiere decir que el que perdona sufre el agravio del ofensor. Por ejemplo, si alguien le debe a usted diez dólares y usted le perdona, podemos decir que usted asumió la pérdida ya que fue usted quien perdió su dinero.

En el plan de redención, Cristo no debe ser una tercera persona. Si tal fuera el caso, Dios no sería justo con El ya que El no tiene pecado ni merece morir; pero la Biblia dice que el hombre pecó contra Dios. Tenemos, entonces, una relación entre dos personas, Dios y el hombre. Pedir a un tercero que muera como substituto puede satisfacer la justicia de Dios y las exigencias de la ley sobre el hombre, pero no sería justo para el tercero. Para que lo sea, Cristo tiene que ser tanto Dios como hombre.

Miqueas 6:6 y 7 dice: "¿Con qué me presentaré ante Jehová, y adoraré al Dios Altísimo? ¿Me presentaré ante él con holocaustos, con becerros de un año? ¿Se agradará Jehová de millares de carneros, o de diez mil arroyos de aceite? ¿Daré mi primogénito por mi rebelión, el fruto de mis entrañas por el pecado de mi alma?" Estos versículos muestran que cuando hemos pecado contra Dios ni los millares de carneros ni los sacrificios tienen provecho alguno, ni siquiera nos eximiría sacrificar a nuestros hijos. Por consiguiente, si Cristo ha de ser esta tercera persona, El debe ser Dios ya que El mismo fue el ofendido. La obra de propiciación por los pecados sólo es justa porque Cristo es Dios. Dicho de otro modo, puesto que la propiciación por los pecados es justa, tenemos que concluir que Cristo es Dios porque El es el único ofendido y, por ende, el único que puede perdonar al ofensor. ¿Quién podría decir que el perdón es injusto? Cristo es Dios, el ofendido; por lo tanto, sólo El puede perdonar al hombre.

En Romanos 7:10 dice: "Y hallé que el mismo mandamiento que era para vida, a mí me resultó para muerte", y en Romanos 6:23 leemos: "Porque la paga del pecado es muerte". Estos versículos demuestran que una persona debe cumplir la ley cabalmente a fin de poder vivir; de no ser así, debe morir. Para poder vivir nosotros los pecadores, el Señor tenía que sufrir el castigo que nos correspondía y dar Su vida. No obstante, vemos en 1 Timoteo 6:16 que solamente Dios es inmortal. En consecuencia, Cristo tenía que hacerse hombre y tener un cuerpo a fin de poder morir por nosotros. El hecho de que El sea Dios hace que la salvación de la humanidad esté dentro del marco de la justicia, y el hecho de que sea hombre hace que la salvación de los hombres sea posible.

Pregunta trece

ROMANOS 5:18-19

¿Por qué Romanos 5:18 dice: "Un solo delito ... un solo acto de justicia" y el versículo 19 dice: "La desobediencia de un hombre ... la obediencia de uno solo"?

RESPUESTA

Primero que todo, tenemos que dividir el pasaje de Romanos 5:12-21 en secciones definidas. Los versículos del 13 al 17 son una ampliación del versículo 12, el cual tiene su continuación lógica en el versículo 18. Los versículos del 13 al 17 se pueden considerar como una nota explicativa insertada, no necesariamente el discurso principal. Empecemos, entonces, con el versículo 12.

"Por tanto, como el pecado entró en el mundo por medio de un hombre, y por medio del pecado la muerte, y así la muerte pasó a todos los hombres, por cuanto todos pecaron". Adán fue el canal por el cual el pecado entró al mundo, y con el pecado vino la muerte; así que la muerte pasó no sólo a un hombre sino a toda la humanidad, por cuanto todos pecaron; pero después de este versículo, Pablo pensó en la posibilidad de que alguien pudiera preguntarse: "Si la ley no existía en el tiempo de Adán, ¿de dónde provino el pecado? Y si no había pecado, ¿cómo podía existir la muerte?" Por esa razón, Pablo dio la explicación que se encuentra en los versículos 13-17, los cuales se pueden subdividir en tres secciones.

Leemos en los versículos 13 y 14: "Pues antes de la ley, había pecado en el mundo; pero cuando no hay ley, el pecado no se carga a la cuenta de uno. No obstante, reinó la muerte desde Adán hasta Moisés, aun sobre los que no pecaron a la manera de la transgresión de Adán, el cual es tipo del que había de venir". Lo que quiso decir Pablo fue que antes de que existiera la ley, el pecado no se contaba como tal, pero esto no significaba que por no haber ley, no existiera el pecado. En realidad, Pablo estaba explicando un hecho. Aunque no existía la ley, había pecado en el mundo, y puesto que la muerte estaba en el mundo y venía sobre todos, era obvio que el pecado también estaba en el mundo. Dado que la muerte reinaba, era evidente que todos habían pecado. Aunque los pecados cometidos por diferentes hombres son diferentes a los de Adán, la muerte es la misma. Lo que Pablo quería demostrar era que aunque aquel acto lo cometió Adán solo, toda la humanidad fue afectada y sobre todo el género humano recayeron las consecuencias. Lo mismo sucede con Cristo, ya que Adán es figura de Cristo. La obra de Cristo también afectó a toda la humanidad.

El versículo 15 dice: "Pero no es el don de gracia como fue el delito; porque si por el delito de aquel uno murieron los muchos, abundaron mucho más para los muchos la gracia de Dios y el gratuito don en gracia de un solo hombre, Jesucristo". Este versículo compara el delito mismo (o su naturaleza) con la gracia; el delito es inferior a la gracia. Por lo tanto, Pablo explicaba esto de la siguiente manera: dado que el pecado de Adán causó la muerte de muchos, ¿no podrían entonces los muchos ganar mucho más la gracia de Dios? El comparaba la naturaleza del delito con la naturaleza de la gracia. Es como si dijera: "¿Qué clase de gracia es la gracia de Dios? La gracia de Dios es dada gratuitamente al hombre por medio de un hombre, Jesucristo. ¿No puede acaso abundar para los muchos? Ciertamente puede".

Leemos en los versículos 16-17: "Y el don gratuito no es como lo sucedido mediante uno solo que pecó; porque el juicio vino a causa de un solo delito para condenación, pero el don de gracia vino a causa de muchos delitos para justificación. Pues si por el delito de uno solo, reinó la muerte por aquel uno, mucho más reinarán en vida por uno solo, Jesucristo, los que reciben la abundancia de la gracia y del don de la justicia". Estos dos versículos comparan el resultado final del delito (o sea, la retribución) con el resultado final de la gracia. En cuanto al resultado final, el delito también es inferior a la gracia. Como resultado del pecado de un solo hombre, Dios condenó aquel pecado y los de muchos en conformidad con la justicia. Puesto que la gracia puede perdonar no sólo un delito sino muchos, el resultado final de la gracia sobrepasa el del delito. Si un solo delito afectó a tantos, a cuántos afectarían diez delitos o cien. Pero la gracia de Dios perdona muchos delitos y ofensas. El resultado final de la gracia es extraordinariamente superior y es por eso que el versículo 17 confirma el 16. Puesto que tenemos la gracia y la justicia, ¿no hemos de reinar en vida? Claro que sí.

El versículo 18 dice: "Así que tal como por un solo delito resultó la condenación para todos los hombres, así también por un solo acto de justicia resultó la justificación de vida para todos los hombres". Este versículo comunica lo mismo que el versículo 12 el cual dice que por el pecado de un solo hombre, Adán, la muerte pasó a todos los hombres, por cuanto todos pecaron. El versículo 18 añade que por el delito de Adán vino la condenación para todos los hombres, mientras que por el acto de justicia de Cristo, el cual se cumplió de una vez y para siempre en la cruz, todos los hombres recibieron la justificación de vida. Si una persona no cree esto, no admitirá que es pecadora. La Biblia no dice que usted se hace pecador cuando peca; la Biblia dice que todos los hombres son pecadores. Ya que Adán pecó, y ya que usted es un ser humano, entonces usted es pecador. Muchos no comprenden la salvación que Cristo efectuó, porque no entienden lo que sucedió con Adán. Si usted puede decir que todos los hombres han sido condenados en Adán, ¿por qué no puede decir que en Cristo, todos los hombres han sido justificados para recibir la vida? ¡Te alabamos, Señor! ¡Te agradecemos, Señor! Lo que hemos ganado en Cristo es mucho más de lo que hemos perdido en Adán. Somos pecadores por el delito de Adán, pero fuimos salvos por el acto de justicia de Cristo. El delito de Adán produjo tal resultado, pero el acto de justicia de Cristo tuvo un resultado muy superior.

El versículo 19 dice: "Porque así como por la desobediencia de un hombre los muchos fueron constituidos pecadores, así también por la obediencia de uno solo, los muchos serán constituidos justos". Este versículo explica que este resultado es mucho mejor que aquél, ya que este Hombre está por encima del otro. Dicho de otro modo, el otro acto fue inferior a éste, porque el primer hombre era inferior al postrero. Por ejemplo, supongamos que el hermano Lee y el hermano Chang están barriendo el piso, si uno nota que el hermano Chang no lo hace tan bien como el hermano Lee, concluiría que el hermano Chang es inferior al hermano Lee. El versículo 18 dice que lo que hizo Adán fue inferior a lo que hizo Cristo y el versículo 19 nos dice que la razón por la cual el acto de Adán no fue tan bueno como el de Cristo es que Adán es inferior a Cristo. Adán desobedeció, pero Cristo obedeció. Por la desobediencia de Adán, todos fuimos constituidos pecadores, y del mismo modo, por la obediencia de Cristo, todos fuimos justificados.

El versículo 20 dice: "La ley se introdujo para que el delito abundase; mas donde el pecado abundó, sobreabundó la gracia". La ley en sí no hace que abunde el delito, sólo lo pone en evidencia. La ley no hace que el hombre peque, sólo revela que sus actos son pecado. Es como un espejo, sólo refleja las facciones de mi rostro pero no las produce. La ley está fuera de uno y sólo muestra lo pecador que uno es. Al llegar a conocernos, Dios nos muestra que Su gracia es mucho más abundante que el pecado.

Vemos en el versículo 21 lo siguiente: "Para que así como el pecado reinó en la muerte, así también la gracia reine por la justicia para vida eterna mediante Jesucristo, Señor nuestro". Adán ya pasó a la historia, pero en la actualidad tenemos el evangelio. Señor, te alabamos y te agradecemos porque somos salvos, mas no por nuestro esfuerzo. ¡Este es el evangelio!

Pregunta catorce

CRISTO Y LA LEY

¿Guardó Cristo la ley en nuestro lugar? ¿Tiene nuestra salvación alguna relación directa con el hecho de que Cristo guardara la ley por nosotros?

RESPUESTA

Cristo no guardó la ley por nosotros. Nosotros somos salvos por la justicia de Dios, no por la justicia de Cristo.

Cristo guardó la ley porque El mismo es justo y apto para ser el Salvador; por lo tanto, entre la observancia de la ley por parte de Cristo y nuestra salvación existe una relación indirecta.

Cristo nos salva no por guardar la ley, sino por recibir el castigo de la ley, que es la muerte. Lo que nos hace salvos es la muerte de Cristo y la justicia que fue satisfecha por dicha muerte, no los actos justos de Cristo, los cuales le pertenecen sólo a El.

Pregunta quince

LA LEY Y LA FE

¿Cómo "confirmamos la ley" por medio de la fe, según Romanos 3:31? ¿Por qué los creyentes no están "bajo la ley" (Ro. 6:14)? ¿Qué significa no estar bajo la ley? ¿Por qué es Cristo "el fin de la ley" (Ro. 10:4)?

RESPUESTA

En Romanos 3:31 leemos: "¿Luego por medio de la fe invalidamos la ley? ¡De ninguna manera! Antes bien confirmamos la ley". Esta es la conclusión que da Pablo. Antes, el había dicho: "Concluimos, pues, que el hombre es justificado por la fe sin las obras de la ley" (v. 28). Ya que éste es el caso, alguien preguntará: "¿Acaso la fe no invalida la ley?" A lo cual Pablo contestaría: "¡De ninguna manera!" Esta expresión griega sería el equivalente de "¡Dios nos libre!" Lo que quiso decir Pablo fue que de ningún modo se admitiría la idea de que la ley fue abolida por la fe.

En los primeros tres capítulos de Romanos, Pablo muestra que los gentiles, a los cuales Dios no había escogido, eran pecadores y que los judíos, a los cuales Dios había escogido, también eran pecadores; así que los que servían a Dios y tenían la ley también eran pecadores; nadie podía ser justificado por guardar la ley. Es por eso que dice: "Ya que por las obras de ley ninguna carne será justificada delante de Él; porque por medio de la ley es el conocimiento claro del pecado" (3:20).

Y el versículo 3:21 añade: "Pero ahora, aparte de la ley, se ha manifestado la justicia de Dios, atestiguada por la ley y por los profetas". Alabamos y agradecemos a Dios por este "pero ahora". Ahora hay un camino de salvación.

Leemos en los versículos 25 y 26: "A quien Dios ha

presentado como propiciatorio por medio de la fe en Su sangre, para la demostración de Su justicia, a causa de haber pasado por alto, en Su paciencia, los pecados pasados, con la mira de demostrar Su justicia en este tiempo, a fin de que El sea justo, y el que justifica al que es de la fe de Jesús". Dios fue paciente para con las personas del Antiguo Testamento, mientras que justifica a las de esta era. El Señor no había muerto en la era del Antiguo Testamento, y el pecado no había sido quitado de en medio; por lo tanto, Dios tuvo que usar Su paciencia. Pero en la actualidad Dios no ejerce Su paciencia, sino que justifica. La justificación no consiste sólo en perdonar al hombre y considerarlo sin pecado, sino en declararlo justo. Dios nos imputa esta justicia en Cristo Jesús. Ahora podemos recibir esta justicia debido a que Cristo murió y resucitó; por lo tanto, Pablo dice: "Concluimos, pues, que el hombre es justificado por la fe sin las obras de la ley" (3:28). Pablo temía que se pensara que por haber sido justificado el hombre por la fe, la ley podría abolirse mediante la fe; por eso inmediatamente responde: "¡De ninguna manera!" (3:31). No debe darse lugar a que el hombre concluya tal cosa.

¿Cómo entonces confirmamos la ley mediante la fe? La ley tiene dos requisitos: (1) ordena que el hombre haga el bien y (2) castiga a los que no lo hacen. La ley castigará a la persona si ésta no la cumple ni la confirma, y este castigo constituye la confirmación. Sólo el Señor puede cumplir la ley; pues ni aún Moisés, quien la promulgó, pudo cumplirla. Los que no cumplan la ley, morirán. Hoy podemos decir: "No he cumplido la ley; pequé; ya estoy muerto; en Cristo recibí el juicio y la maldición de la ley; por lo tanto, no he quebrantado la ley, sino que la he confirmado por medio de la fe". Aunque no podemos confirmar la ley cumpliéndola y merecemos morir, ¡alabamos y agradecemos al Señor porque hemos muerto en Cristo! Es obra de Dios que nosotros estamos en Cristo Jesús (1 Co. 1:30) y que hemos sido introducidos en Cristo, porque cuando Cristo murió, nosotros también morimos juntamente con El. Por eso la fe no invalida la ley; por el contrario, la confirma.

¿Por qué los creyentes no están bajo la ley? Porque por un lado ya están muertos y por el otro lado han resucitado, según vemos en Romanos 7:1-6, donde Pablo usa la parábola de una mujer casada y su esposo. Necesitamos saber quién es "el marido" del que habla Pablo. Algunos dicen que es la ley, y otros que es la carne. Cada posición presenta sus opiniones y razones, pero si leemos cuidadosamente, veremos que tanto la ley como la carne están incluidas. El marido mencionado en Romanos 7:2 es la ley, aunque también se nos muestra que es diferente a ella; por lo tanto, "el marido" al que alude este pasaje tiene dos significados. El primero es la ley, y el segundo, la carne. Pero si el marido se refiriera sólo a la ley, entonces la frase "si el marido muere" significaría que también la ley expiraría, pero ¿cómo puede expirar la ley? Una vez que entendemos bien esto, podemos concluir que "el marido" del cual habla esta sección es tanto la carne como la ley.

Antes de creer en el Señor, estábamos atados a la ley. ¿Cómo podíamos desligarnos de ella? Sólo mediante la muerte, porque una vez que morimos, quedamos desligados. Dios condenó el pecado en la carne de Cristo; por lo tanto, hemos muerto en Cristo y nos hemos desligado de la ley. Somos la mujer, y nuestra carne es el marido. Cuando morimos, quedamos libres de la carne. La ley exige la muerte. No importa cuántos pecados haya cometido una persona, la máxima pena que la ley le puede imponer es la muerte, y una vez muerta la persona, todo concluye, y quedamos desligados de la ley.

Por otra parte, el versículo dice: "Si el marido muere, ella queda libre de la ley referente al marido" (7:2). Esto se refiere a crear por la muerte una separación entre nosotros y la ley. La primera parte hace énfasis en la muerte, y la segunda, en la separación.

Podemos apreciar dos cuadros en esta sección; el primer cuadro consiste en que por medio del cuerpo de Cristo, estamos muertos a la ley y completamente desligados de ella, porque el día que el Señor murió, nosotros también morimos. Por lo tanto, podemos decir: "No estoy bajo la ley". El otro cuadro muestra que ahora nos podemos volver a casar. Anteriormente la carne era nuestro amo, pero ahora nos podemos volver a casar; ahora pertenecemos a Cristo, quien resucitó, y podemos llevar fruto para Dios. Ningún creyente en la actualidad se encuentra bajo la ley.

Alguien podría decir: "En obediencia a la ley, debemos

guardar el día de sábado". Debemos tener presente que si tratamos de cumplir un solo mandamiento de la ley, establecemos tácitamente que Cristo no murió por nosotros, y menospreciamos Su obra redentora. Comparemos entonces Romanos 6:14 con 3:19. El primero dice: "Porque el pecado no se enseñoreará de vosotros; pues no estáis bajo la ley, sino bajo la gracia". Esto dice que los creyentes no están bajo la ley. Y el segundo dice: "Ahora bien sabemos que todo lo que la ley dice, lo dirige a los que están bajo la ley, para que toda boca se cierre y todo el mundo quede bajo el juicio de Dios". Este versículo se dirige a los que están bajo la ley, pero como no lo estamos, estas palabras no están dirigidas a nosotros.

¿Por qué, además del libro de Romanos, Pablo escribió Gálatas? El libro de Romanos nos dice que los pecadores no son justificados por cumplir la ley, y Gálatas dice que los santos no son santificados por cumplir la ley. Los pecadores no se salvan haciendo el bien, y tampoco los santos son santificados por hacer el bien. Así como empezamos por la gracia, debemos ser perfeccionados por ella; no podemos ser justificados por la fe y luego tratar de ser santos cumpliendo la ley. La justificación y la santificación son efectuadas por el Espíritu Santo, y nosotros entramos por el camino completamente terminado. Dios solamente obra de acuerdo a un principio. ¿Por qué la lana no se puede combinar con el lino? (Dt. 22:11). Porque la lana proviene del derramamiento de la sangre, mientras que el lino proviene del trabajo del hombre. La actividad de Dios constituye Su obra, y las acciones del hombre son su obra; pero Dios no mezcla Su obra con la del hombre.

¿Qué significa no estar bajo la ley? No significa vivir sin ley e impíamente. La Biblia dice: "Porque el pecado no se enseñoreará de vosotros; pues no estáis bajo la ley, sino bajo la gracia" (Ro. 6:14). Dado que no estamos bajo la ley, sino bajo la gracia, el pecado ya no se enseñorea de nosotros. Debemos poner mucha atención a este versículo, pues el pecado no tiene dominio sobre aquel que no se encuentra bajo la ley. Sin embargo, no debemos estar desinhibidos para hacer cualquier cosa que querramos.

¿Qué significa estar bajo la gracia? Leamos Romanos 11:6: "Mas si por gracia, ya no es por obras; de otra manera la gracia ya no es gracia". "Bajo la gracia" significa que no tenemos que depender de nosotros mismos. ¿Qué significa estar "bajo la ley"? Significa que actuamos por nuestra cuenta, pero cuanto más tratemos de hacer el bien, menos lo lograremos. Estar bajo la gracia significa dejar que el Señor Jesús actúe, mientras que estar bajo la ley consiste en que nosotros actuamos. Estar bajo la gracia significa dejar que Dios opere en nosotros hasta que el pecado ya no pueda ser nuestro amo, pero al estar bajo la ley el pecado se enseñorea de nosotros, pues no podemos vencerlo. Si estamos bajo la gracia, la gracia de Dios obra en nosotros. ¿Puede acaso el pecado competir con la gracia de Dios? Claro que no.

El Señor murió en la cruz por nosotros y vive en nosotros. El mismo cargó con todos nuestros pecados en la cruz y ahora El mismo hace que venzamos el pecado. La ley constituye lo que Dios exige, pero la gracia es el poder de Dios. La ley nos ordena que hagamos algo, pero la gracia nos da el poder para hacerlo. Estar bajo la gracia significa que el Cristo resucitado vive en nosotros y nos capacita para vencer.

Cristo es el fin de la ley porque El satisfizo todas las exigencias que la ley hace al hombre.

En primer lugar, Cristo puso fin a la ley con Su vida. Por el momento no consideraremos al Señor Jesús como Dios sino como hombre. El Señor Jesús es el único hombre que ha cumplido la ley en su totalidad; no ha habido nadie antes de El, ni lo habrá. El es el único, El es el fin de la ley.

Segundo, la muerte de Cristo puso fin a la ley. Lo máximo que la ley exige es la muerte. Supongamos que una persona quebranta la ley de una nación, merece la muerte y es ejecutada. Una vez que la persona ha sido ejecutada, la ley no exige nada más; la exigencia de la ley llega hasta la muerte; así que cuando el hombre muere, todo queda resuelto. La ley dice que quienes no cumplan la ley tienen que morir. El Señor Jesús murió y puso fin a la ley.

El fin significa el punto culminante. Cuando uno llega al final, no hay nada más qué añadir. ¿Qué más se debe hacer? El creyente puede agradecer y alabar a Dios porque Cristo puso fin a la ley.

Pregunta dieciseis

MATEO 5:17

¿Cómo cumplió Cristo la ley y los profetas? (Mt. 5:17).

RESPUESTA

Para poder obtener una respuesta apropiada debemos leer detenidamente Mateo 5:17-21, el cual empieza así: "No penséis que he venido para abolir la ley o los profetas". ¿Por qué el Señor dijo: "No penséis"? Lo dijo porque era factible que tuvieran esta idea. Es posible que algunos ya pensaban que ése era el caso. Después de haber promulgado las nueve bienaventuranzas en el monte, mencionó dos asuntos: (1) somos la sal de la tierra, y (2) somos la luz del mundo. Cuando los hombres oyeron esto, posiblemente pensaron que las bienaventuranzas que el Señor acababa de proclamar eran diferentes a las bendiciones del Antiguo Testamento, ya que Dios siempre había deseado que los israelitas fueran grandes, tuvieran éxito y triunfaran sobre sus enemigos. Pero ahora el Señor les dice que deben ser humildes, mansos, sufrir persecución, etc. Esto es totalmente diferente de lo que revela el Antiguo Testamento. Entonces, ¿vino el Señor a abolir la ley? Dios había escogido a los israelitas para que fueran Su testimonio en la tierra y ahora dice que Sus seguidores son la sal de la tierra y la luz del mundo. Ya que Dios había decidido transferir Su testimonio de los israelitas a un remanente, ¿no indicaba esto que el Señor había venido a abolir la ley? Por eso, tan pronto El dijo que éramos la sal y la luz, añadió: "No penséis". En realidad lo que el Señor quiso decir fue que el no venía a abolir la ley sino a cumplirla. El significado literal de la palabra *abolir* es destruir capa por capa, como se haría al derribar una pared;

mientras que la palabra *cumplir* es completar o llenar hasta la última gota.

A lo largo de la historia han surgido dos corrientes relacionadas con la actitud del Señor Jesús hacia la ley. Una de ellas, bastante alejada de la verdad, dice que el Señor Jesús cumplió la ley anulándola; esta tendencia presenta las muchas discrepancias entre lo que dijo el Señor y lo que había dicho Moisés. En lo relacionado con el matrimonio, Moisés decía que si un hombre deseaba repudiar a su mujer, lo único que necesitaba era una carta de divorcio, mientras que el Señor dijo que no se permitía repudiar a la esposa, excepto en caso de fornicación. Según esta enseñanza, el Señor contradecía a Moisés. Por otro lado, la corriente protestante decía que como los judíos habían añadido muchas otras normas a la ley mosaica, lo que hizo el Señor fue preservar la naturaleza intrínseca de la ley al abolir lo que el hombre había añadido. Pero contrariamente a estas dos perspectivas, el significado de "cumplir" es que el Señor completó hasta la última letra de la ley. Veamos entonces la actitud del Señor hacia la ley.

Primero, el Señor reconoció que la ley y los profetas provenían de Dios, lo cual vemos en Mateo 5:12: "Porque así persiguieron a los profetas que fueron antes de vosotros". Esto indica que el Señor reconoció a los profetas. En Mateo 5:23 el Señor menciona las ofrendas ante el altar, lo cual indica que Él no estaba en contra de ésta. Después de que el Señor concluyó Su mensaje en el monte, descendió y se le acercó un leproso, al cual, después de sanarle, ordenó que fuera ante el sacerdote y presentara la ofrenda que había ordenado Moisés (Mt. 8:1-4). Esto comprueba que reconocía lo que Moisés había ordenado.

Segundo, aunque el Señor reconoció que la ley y los profetas provenían de Dios, también dijo que la ley no estaba completa. En Mateo leemos reiteradas veces: "Oísteis que fue dicho a los antiguos ... Pero yo os digo". El Señor estuvo de acuerdo con Moisés cuando dijo que la ley condenaba el homicidio y el adulterio. Aún así, no estaba completa, porque no debemos ni siquiera enojarnos con otra persona ni tener pensamientos pecaminosos. Estar incompleta no significa que esté equivocada. Por ejemplo, un niño que acaba de aprender que dos más dos son cuatro no tiene un conocimiento completo, mas eso no significa que lo que ha aprendido sea erróneo.

Tercero, el Señor vino a completar lo que le faltaba a la ley. La palabra *cumplir* se relaciona con Su obra como Maestro no como Salvador, lo cual significa que El llenaría los vacíos de la ley. La ley dice "ojo por ojo, y diente por diente", lo cual se basa en la equidad, pero el Señor nos enseña que amemos a nuestros enemigos y oremos por los que nos persiguen, el cual es el principio de la gracia. La ley expresa la equidad de Dios, mientras que la gracia y la misericordia expresan la naturaleza misma de Dios. De acuerdo con la gracia del Señor, El hace salir Su sol sobre malos y buenos, y hace llover sobre justos e injustos. Juan 1:17 dice: "Pues la ley por medio de Moisés fue dada, pero la gracia y la realidad vinieron por medio de Jesucristo"; Moisés hablaba sobre el proceder de Dios mientras que el Señor hablaba sobre la naturaleza misma de Dios.

En la cruz el Señor llevó la maldición de la ley por nosotros, y ya que hemos recibido la vida al aceptar la obra del Señor en la cruz, también debemos andar de acuerdo con lo que El instituyó en el monte. Algunas personas dicen que lo que el Señor estableció fue la ley, no la gracia; por esta razón, concluyen que esta enseñanza iba dirigida a los judíos solamente. Existen varias evidencias de lo equivocado de esta enseñanza: (1) No podemos dejar los requisitos difíciles a los judíos y los fáciles a nosotros. Hagámonos estas preguntas: ¿cómo puede Dios exigir más de los judíos a quienes ha dado menos poder y gracia? ¿Puede el mismo Dios, El cual nos ha dado más poder y gracia, exigirnos menos? (2) Mateo 5:1-2 afirma claramente que el Señor se dirigía a los discípulos, y si alguien dice que los discípulos representan a los judíos, se podría responder que hay por lo menos un versículo en la Biblia que los llama "cristianos" (Hch. 11:26). Pero no hay ni un solo versículo en la Biblia que diga que "los discípulos representan a los judíos" como tampoco aparece la expresión "discípulos judíos". Una vez que llegamos a ser discípulos, queda eliminada cualquier diferencia entre judíos y gentiles. (3) Mateo 28:19-20 dice: "Por tanto, id y haced discípulos a todas las naciones, bautizándolos en el nombre del Padre, y del Hijo, y del Espíritu

Santo; enseñándoles que guarden todo cuanto os he mandado". Cuando predicamos el evangelio, necesitamos enseñar a la gente a guardar lo que el Señor enseñó en el sermón del monte. Es cierto que estas enseñanzas no son fáciles de seguir, pero no podemos dejar los asuntos difíciles a los judíos. Juan 14:26 dice: "Mas el Consolador, el Espíritu Santo, a quien el Padre enviará en Mi nombre, El os enseñará todas las cosas, y os recordará todo lo que Yo os he dicho"; necesitamos poner mucha atención a la última frase, que no sólo incluye creer en el Señor Jesús y recibir la vida eterna, sino también los mandamientos que El mismo dio. La obra del Espíritu Santo es hacer que el hombre obedezca lo que el Señor dispuso. A los discípulos no sólo se les dio la comisión de predicar el evangelio sino también la de enseñar a los conversos a obedecer las enseñanzas del Señor.

En Mateo 5:18 dice: "Porque de cierto os digo, que hasta que pasen el cielo y la tierra, ni una jota ni una tilde pasará de la ley, hasta que todo se haya cumplido". Jota es la traducción de la letra hebrea "yod", que, con forma de coma, es la más pequeña de ese alfabeto; y la tilde se refiere a una especie de acento usado en ese idioma. La jota y la tilde se refieren a los componentes más pequeños del idioma. Al cumplirse todas las jotas y tildes se cumple hasta el último detalle; por lo tanto, el cielo y la tierra pasarán solamente cuando toda jota y toda tilde de la ley se hayan cumplido.

El versículo 17 menciona la ley y los profetas, mientras que el 18 solamente habla sobre la ley. ¿A qué se debe esto? A que la ley llega hasta el final del reino milenario mientras que los profetas se extienden a la eternidad (Isaías habla del cielo nuevo y tierra nueva). Si decimos que el cielo y la tierra pasarán sólo cuando todo lo que los profetas han predicho se cumpla, estaríamos invirtiendo el orden de los sucesos que se describen en el libro de Apocalipsis. La palabra del Señor es exacta. El no dijo ni más ni menos de lo debido; el Señor dijo que el cielo y la tierra pasarán sólo cuando cada jota y cada tilde de la ley se hayan cumplido. Así vemos cuán honrosa es la ley.

La expresión "por tanto" del versículo 19 indica una continuación del versículo anterior. ¿Qué son "estos mandamientos"? Son una alusión a la ley, no a las enseñanzas dadas en el monte ya que la palabra "estos" en la frase "estos mandamientos" se relacionan con el texto inmediatamente anterior. Hay dos clases de leyes, la ceremonial y la moral. Por ejemplo, la manera como se ofrecían los sacrificios está en la categoría de la ley ceremonial; mientras que el trato con los demás es parte de la ley moral. Las leyes morales son mucho más importantes que las ceremoniales. Cuando el Señor estuvo en la tierra, El tuvo que cumplir con ambas. En Mateo 22:37-40 leemos: "Jesús le dijo: 'Amarás al Señor tu Dios con todo tu corazón, y con toda tu alma, y con toda tu mente'. Este es el grande y primer mandamiento. Y el segundo es semejante: 'Amarás a tu prójimo como a ti mismo'. De estos dos mandamientos pende toda la ley y los profetas". En Mateo 9:13 hallamos: "Misericordia quiero, y no sacrificio". El Señor nos muestra que las leyes morales son más importantes que cualquier otra ley. Mateo 23:23 dice: "¡Ay de vosotros, escribas y fariseos, hipócritas! porque diezmáis la menta y el anís y el comino, y dejáis lo más importante de la ley: la justicia, la misericordia y la fidelidad. Esto era necesario hacer, sin dejar de hacer aquello". Así el Señor nos muestra que las leyes difieren en importancia. El reprendió aun a aquellos que eran meticulosos en guardar celosamente los ritos. Pagar el diezmo de la menta, el anís y el comino, no combinar la lana con el lino, no cocer el cabrito en la leche de su madre y otros preceptos similares son mandamientos secundarios.

En Mateo 5:19 dice: "Por tanto, cualquiera que anule uno de estos mandamientos aunque sea uno de los más pequeños, y así enseñe a los hombres, será llamado el más pequeño en el reino de los cielos; mas cualquiera que los practique y los enseñe, éste será llamado grande en el reino de los cielos". Este versículo muestra la gran responsabilidad que recae sobre aquellos que ministran la palabra de Dios; aquel que quebrante tan siquiera uno de los más pequeños mandamientos en su vivir diario y enseñe a otros a hacer lo mismo (en vez de enseñarles que los guarden), será llamado el más pequeño en el reino de los cielos. Muchas enseñanzas equívocas nacen de una conducta errónea; por ejemplo, algunas personas piensan que el bautismo no es importante y dicen: "¿Para qué sirve el bautismo?" Así que deciden no bautizarse, y cuando se les pregunta acerca del bautismo, traen a colación doctrinas que no vienen al caso. Ya que estas personas lo basan todo en su propio parecer, el cual está equivocado, enseñan erróneamente. El Señor dijo que estas personas serán llamadas las más pequeñas en el reino de los cielos.

¿Tenemos, entonces, los creyentes que guardar la ley? No, porque no estamos bajo la ley sino bajo la gracia (Ro. 6:14). Durante los días de los apóstoles, algunos enseñaban a los hermanos que si no se circuncidaban, como lo mandaba la ley de Moisés, no eran salvos. Pedro les contesta: "Ahora, pues, ¿por qué tentáis a Dios poniendo sobre la cerviz de los discípulos un yugo que ni nuestros padres ni nosotros hemos podido llevar?" (Hch. 15:10). Más tarde, los apóstoles escriben a los hermanos diciéndoles que se abstengan de lo sacrificado a ídolos, de sangre, de ahogado y de fornicación. No mencionan la circuncisión (Hch. 15:1-29).

Por otra parte, mientras el Señor estuvo en la tierra y antes de morir y resucitar, El expresaba la ley y las ceremonias que ésta incluía; por lo tanto, los discípulos tenían que guardar la ley; por ejemplo, tanto el Señor como Pedro pagaron el impuesto para el templo (Mt. 17:27). Cuando el Señor murió, la ley cesó, pues toda la ley y todos los ritos se cumplieron. Esto se relaciona con las diferentes dispensaciones.

Después de que el Espíritu Santo descendió y la iglesia nació, todavía Pedro guardaba las leyes ceremoniales al no comer las cosas inmundas que se mencionan en Levítico 11. ¿Qué le enseñó Dios? "Lo que Dios limpió, no lo tengas tú por común" (Hch. 10:9-16). Se presenta entonces un cambio en el Nuevo Testamento. Gálatas nos muestra que la circuncisión es una ley muy importante para los judíos, pero Pablo les dice: "He aquí, yo Pablo os digo que si os circuncidáis, de nada os aprovechará Cristo. Y otra vez testifico a todo hombre que se circuncida, que está obligado a cumplir toda la ley" (Gá. 5:2-3), lo cual indica que si uno se circuncida, tiene que cumplir toda la ley, porque la ley o se cumple en su totalidad o no se cumple en absoluto; no podemos tomar lo que queramos y rechazar lo que no nos parezca. Así que, vemos claramente en este versículo que no estamos bajo la ley.

El "reino de los cielos" mencionado en Mateo 5:19 no es la iglesia sino el reino milenario durante los días posteriores a la segunda venida del Señor.

Algunos piensan que los creyentes no tienen que guardar las leyes ceremoniales pero sí las morales; tienen la idea de que puesto que fueron salvos por medio de la fe, tienen el poder para alcanzar la santificación con su buen comportamiento y guardando la ley. Pero debemos darnos cuenta de que guardar la ley no es ni un requisito para la salvación ni el principio por el cual debemos vivir.

En Mateo 5:20 dice: "Porque os digo que si vuestra justicia no supera a la de los escribas y fariseos, no entraréis en el reino de los cielos". Al decir que los fariseos tienen justicia se da a entender que ellos guardan las leyes morales. ¿Entra un creyente al reino de los cielos por tener la justicia de los fariseos? El Señor dijo que no y en este pasaje de la Biblia (vs. 17-20) dice dos veces "os digo". En el versículo 18 Él dice a los discípulos que la ley no puede anularse sino que debe cumplirse, y en el versículo 20 Él dice que vino a complementar lo que le faltaba a la ley. En el versículo 17 dice, por el lado negativo, que no se anula la ley y, por el lado positivo, que debemos cumplirla. Los versículos 18 y 19 nos muestran la actitud del Señor hacia la ley, por el lado negativo, indicando que la ley no se puede anular. En el versículo 20 se muestra la actitud del Señor hacia la ley por el lado positivo, que la ley se debía cumplir o completar hasta el tope. "Os digo" marca claramente esta diferencia.

Existe también una diferencia entre "vuestra justicia", que se menciona en el versículo 20, y la justificación que concuerda con la ley. Dios es el que concede la justificación, y nosotros la recibimos por fe; así que "vuestra justicia" alude a la conducta diaria y se obtiene por la acción del Espíritu Santo. Cuando mencionamos la justificación nos referimos a los pecadores. Las palabras aquí mencionadas estaban dirigidas a los discípulos; por lo tanto, ésta no es la justicia dada por Dios, sino la justicia lograda por los discípulos.

Aunque los escribas y los fariseos se esforzaran por hacer el bien, lo único que podían lograr era cumplir la justicia de la ley, pero los discípulos, quienes no estaban bajo la ley, debían tener una justicia que superara la justicia de la ley, y su norma de vida debía exceder la de los escribas y los fariseos. Ningún hijo de Dios puede entrar en el reino de los cielos por guardar la ley. Los creyentes hemos recibido la enseñanza de Mateo 5—7 y si no la guardamos, no podemos entrar en el reino de los cielos.

Tenemos que comprender claramente que todos los creyentes tienen la vida eterna, pero no todos pueden entrar en el reino de los cielos. Obtenemos la vida eterna porque Dios nos la concede mediante Su justicia, pero entramos en el reino de los cielos por medio de la justicia que llevemos a cabo. Cuando creemos, recibimos la vida eterna y jamás la perderemos; sin embargo, sólo los vencedores pueden entrar en el reino de los cielos. Podemos obtener la vida eterna en esta era, pero el reino de los cielos se establecerá sólo cuando el Señor regrese nuevamente. En el evangelio de Juan se menciona nueve veces que la vida eterna se recibe al creer; no obstante, hallamos que en Mateo 11:12 dice: "El reino de los cielos es tomado con violencia, y los violentos lo arrebatan". El día que creímos, recibimos la vida eterna, pero entrar en el reino de los cielos significa que tenemos que ir en pos de él día a día. Dios escoge a algunos de este mundo para que reciban la vida eterna y de entre ellos escoge a algunos para que entren en el reino de los cielos. La recepción de la vida eterna no tiene nada que ver con ser mayor o menor, pero sí hay una diferencia entre ser el mayor o el menor en lo pertinente al reino de los cielos. Por lo tanto, si nosotros los salvos, queremos reinar cuando venga el Señor, tenemos que expresar nuestra propia justicia por medio del Espíritu Santo. ¿Cómo podríamos dudar de las palabras del Señor?

PREGUNTA DIECISIETE

GALATAS 3:21

Sería incorrecto leer Gálatas 3:21 de la siguiente manera: "¿Luego la ley es contraria a las promesas de Dios? ¡De ninguna manera! Porque si se hubiese dado una ley que pudiera *dar justicia*, habríamos sido *vivificados* verdaderamente por la ley. ¿Dónde se encuentra el error?

RESPUESTA

En realidad, Gálatas 3:21 dice: "¿Luego la ley es contraria a las promesas de Dios? ¡De ninguna manera! Porque si se hubiese dado una ley que pudiera *vivificar, la justicia* habría sido verdaderamente por la ley". El error en la pregunta que se hizo yace en que a las palabras "vivificar" y "justicia" se les cambió el orden. Tenemos que entender lo que Pablo quiso decir. El dijo que la ley y las promesas de Dios no se oponen entre sí, pero los gálatas creían que las promesas se recibían después de cumplir la ley, y Pablo les mostró que las promesas ya habían sido dadas antes de la ley. Dios le dio las promesas a Abraham y más adelante dio la ley. De hecho, Dios dio las promesas a Abraham cuatrocientos treinta años antes de dar la ley. Debemos tener presente este hecho.

Entre los creyentes existe la idea equivocada de que Dios tenía que salvar al hombre por la gracia ya que no había podido lograr Su propósito mediante la ley. Ese no es el caso. La promesa que Dios dio a Abraham no dependía de lo que éste hiciera, pues la recibió sólo al creer. La razón por la cual Dios dio la ley a los hijos de Israel fue que ellos no veían lo enormemente valiosa que es la gracia. El propósito por el cual Dios les dio la ley era que al ellos quebrantarla se dieran cuenta de que eran pecadores para que así valoraran las promesas. Aun así, Dios continuó salvándoles por gracia después de haber dado la ley, ya que ésta permite que el hombre se conozca a sí mismo a fin de que, después de reconocer su condición, valore la gracia. Si una persona tiene hambre, come espontáneamente, pero si no quiere comer, necesita algo que le abra el apetito. De la misma manera, la ley lleva al hombre a reconocer que necesita la gracia.

En Gálatas 3:21 se nos da a entender que si la ley hubiera dado vida al hombre, también le habría dado la justicia. ¿Qué da la ley primero, vida o justicia? ¿Qué obtienen primero los creyentes, vida o justicia? Esto es lo que Pablo presenta a los gálatas ya que dice que si la ley hubiera dado vida, también tendría que haber dado la justicia. Cuando recibimos la salvación, primero obtenemos justicia y luego vida. ¿Perece el hombre cuando peca? ¿Qué viene primero, pecar o perecer? Obviamente uno comete pecados primero, y como resultado perece. Entonces ¿cómo puede el hombre ser salvo? Por medio de la justicia. ¿Cuál viene primero, la justicia o la vida? Obviamente, la justicia viene primero y luego la vida. Esto lo podemos verificar en Romanos 5:17: "Mucho más reinarán en vida por uno solo, Jesucristo, los que reciben la abundancia de la gracia y del don de la justicia". Vemos entonces que la justicia viene primero y el reinar en vida luego. En el versículo 21 también dice que la justicia viene primero y la vida eterna después: "Así también la gracia reine por la justicia para vida eterna mediante Jesucristo, Señor nuestro". Y en Romanos 8:10 dice: "El espíritu es vida a causa de la justicia", lo cual muestra que la justicia viene primero, y la vida luego.

Tenemos que entender con claridad que la razón por la cual no tenemos la vida es que no tenemos la justicia. Según la justicia de Dios, la persona que no tenga justicia, debe ser castigada con la muerte. Cuando el Señor Jesús vino, El no resucitó primero y después murió por nosotros, sino que murió primero y luego resucitó. Cuando creemos en El, recibimos la justicia que El obtuvo; por lo tanto, esta justicia llega a ser nuestra vida, lo cual hace que nuestro espíritu sea vida a causa de la justicia. El Señor Jesús murió y resucitó para que pudiéramos tener vida y para que Dios, según Su justicia perdonara al hombre, dado que el precio fue pagado y los justos requisitos de Dios fueron satisfechos. Es imposible que Dios no nos perdone, pues nuestra salvación se basa en la justicia obtenida por Cristo. Pablo quería dar a entender que si la ley hubiera dado vida, también se tendría que decir que la ley podía impartir justicia. Pero no fue eso lo que dijo. La justicia se manifiesta aparte de la ley, no es parte de ésta. Pese a ello, Dios sigue salvando al hombre según el principio de la ley, ya que la ley estipula que sólo aquellos que son justos obtendrán la vida. La gracia primero otorga al hombre justicia y después vida; por lo tanto, la promesa de Dios no se opone a la ley.

Pregunta dieciocho

LA REDENCION

¿Qué significa la redención? ¿De qué somos redimidos?

RESPUESTA

La palabra redención significa comprar de nuevo, es decir, recuperar un objeto que fue dado como garantía. Ya fuimos redimidos, pero ¿de qué? Muchas enseñanzas tradicionales dicen que fuimos redimidos de la mano del diablo; dicen que como éramos sus esclavos, el Señor Jesús tuvo que derramar Su sangre para redimirnos. Si tal fuera el caso, esto indicaría que Dios habría reconocido que el diablo tenía derecho legal sobre nosotros. Supongamos que alguien que usted conoce le roba un artículo; si usted paga un precio por recobrar lo que le robaron, está reconociendo que el robo es lícito. Si decimos que el Señor Jesús derramó Su sangre para redimirnos pagándole al diablo el precio correspondiente, damos a entender que Dios reconoce la legitimidad de la caída del hombre en manos del diablo. Por supuesto, esto es incorrecto. Por tanto, no podemos decir que somos redimidos de la mano del diablo.

¿Debemos decir que fuimos redimidos de la mano de Dios? Esto tampoco es correcto. (1) Al decir que somos redimidos de la mano de Dios, anulamos Su amor. El Señor Jesús vino porque Dios lo envió, y la Biblia reitera que Dios nos ama. (El Nuevo Testamento menciona "el amor de Cristo" tres veces: en Romanos 8:35, en 2 de Corintios 5:14 y en Efesios 3:19. El Señor Jesús nos redimió conforme a la voluntad de Dios porque El también nos ama). Dios nos amó de tal manera que envió a Su hijo y así preparó el camino de nuestra salvación. No debemos juzgar mal la naturaleza de Dios. (2) Si fuimos redimidos de la mano de Dios, ¿a quién pertenecemos ahora? Porque si fuimos redimidos de la mano de Dios, ¿cómo se explica que todavía le pertenezcamos? ¿Deberíamos decir entonces que fuimos redimidos del pecado? No. Tampoco podemos decir eso, porque si así fuera, ¿a quién se le pagó por el rescate? El Señor pagó el precio; sin embargo, el pecado no puede ser el reclamante de este precio.

Sólo hay un pasaje en la Biblia que puede contestar esta pregunta, y es Gálatas 3:13 donde hallamos: "Cristo nos redimió de la maldición de la ley, hecho por nosotros maldición". Por lo tanto, concluimos que fuimos redimidos de la maldición de la ley. Eramos pecadores y ante Dios nos encontrábamos bajo la maldición de la ley; pero el Señor Jesús murió por nosotros y nos redimió de la maldición de la ley. No fuimos redimidos de la ley, sino de la maldición de la ley. Sería ilícito ser redimido de la ley; pero ser redimido de la maldición de la ley significa ser redimido de las consecuencias de la ley. Cualquiera que quebrante la ley debe ser castigado. El Señor Jesús satisfizo las exigencias de la ley al derramar Su sangre. El no nos libró de algunas leyes, sino de la maldición de la ley. Ya que la Biblia lo dice, debemos asentir. Agregar algo más o decir menos sería incorrecto.

Pregunta diecinueve

ROMANOS 2:12

Dice Romanos 2:12 que el hombre que cometa pecado aun sin tener la ley (esto es, sin que Dios le haya dado la ley), perecerá. ¿Se perderá un pecador si jamás ha oído el evangelio?

RESPUESTA

La perdición y el pecado tienen una estrecha relación. La condenación de un hombre no depende de la ley. En Romanos 2:12 dice: "Porque todos los que sin ley han pecado, sin ley también perecerán". Si una persona no tiene la ley ni ha oído jamás el evangelio, Dios tiene la manera de juzgarla. (1) Dios es justo y, por consiguiente, no hace nada injusto; (2) Dios no está obligado a salvar al hombre, porque éste ha pecado y como consecuencia debe perecer; así que El no sería injusto si no lo salvara. No somos salvos porque Dios esté obligado a salvarnos sino porque El nos extiende Su gracia.

Al reflexionar sobre esta pregunta, debemos prestar especial atención a la gracia y a la justicia de Dios. La gracia de Dios hizo que el Salvador muriera y resucitara por nosotros. Nosotros fuimos salvos por la justicia de Dios debido a que el Señor Jesús murió, y, por ende, si creemos, Dios nos tiene que salvar. Pero si el Señor Jesús no hubiera muerto por nosotros, Dios habría sido justo si no nos hubiera salvado. La gracia viene primero y luego la justicia. La gracia es el medio de salvación, pero ésta se lleva a cabo por la justicia. Dios, por Su gracia, envió al Señor Jesús para que fuera el Salvador de los pecadores. Es así como Dios salva al pecador. En el infierno sólo se oirán lamentos, pero no reclamos, porque ése es el justo castigo que Dios inflige. El juicio que se menciona en Apocalipsis 20 nos muestra que en ese momento nadie se levantará para acusar a Dios de injusticia.

Pregunta veinte

LA FE EN LA RESURRECCION

Dado que la base de la salvación es la muerte de Cristo, ¿por qué dice la Biblia que no sólo debemos creer en la muerte de Cristo sino también en Su resurrección?

RESPUESTA

Los apóstoles fueron testigos de la resurrección de Jesús (Hch. 1:22), y a lo largo del libro de Hechos vemos los numerosos testimonios de la resurrección del Señor Jesús. La muerte es simplemente un proceso, mientras que la resurrección es el cumplimiento; por lo tanto, cuando la Biblia menciona la muerte del Señor, también menciona la resurrección. El Señor frecuentemente les decía a los discípulos que El iba a morir, pero siempre añadía que El al tercer día resucitaría. La culminación de la muerte es la resurrección. La obra de la muerte sólo se lleva a cabo en la resurrección. El Señor Jesús murió por nuestros pecados en la cruz pero ¿cómo sabemos que logró lo que intentó lograr? ¿cómo sabemos que Dios aceptó ese sacrificio? Lo sabemos porque El resucitó de entre los muertos. Esto es similar al caso de un criminal que es sentenciado a varios años de cárcel. ¿Cómo sabemos que ha pagado su condena? Cuando es puesto en libertad. La resurrección es la conclusión de la muerte, y sin muerte no hay resurrección. Mas con la resurrección pasa la muerte. Dios dio "a todos una prueba cierta, con haberle levantado de los muertos" (17:31). El Señor quiere que creamos en Su resurrección.

No podemos ser salvos sólo creyendo en la muerte del Señor Jesús. Tenemos que creer que el Señor Jesús se levantó de los muertos para poder ser salvos. En Romanos 10:9 dice:

"Si ... crees en tu corazón que Dios le levantó de los muertos [a Jesús], serás salvo".

La resurrección es llevada a cabo por Dios. "Y matasteis al Autor de la vida, a quien Dios ha resucitado de los muertos" (Hch. 3:15). El hombre sólo ve la muerte. Si el Señor no hubiera resucitado, se habría pensado que quien murió fue un hombre común y corriente. Pero Dios le levantó de los muertos para demostrar que "era imposible que fuese retenido por ella [la muerte]" (2:24). "A éste [Jesús] Dios ha exaltado a Su diestra por Príncipe y Salvador, para dar a Israel arrepentimiento y perdón de pecados" (5:31). "El es el que Dios ha puesto por Juez de vivos y muertos ... por Su nombre, todos los que en El creen recibirán perdón de pecados" (10:42-43).

Creer en la resurrección está fuera del alcance del hombre, ya que sin la ayuda del Espíritu Santo le es imposible creer que el Señor Jesús resucitó de los muertos, y el decirlo gratuitamente no tiene ninguna trascendencia. Sin la acción del Espíritu Santo es imposible que el hombre crea desde lo profundo de su ser. "Porque por gracia habéis sido salvos por medio de la fe; y esto no de vosotros, pues es don de Dios" (Ef. 2:8). Verdaderamente la salvación es obra de Dios. Los apóstoles, guiados por el poder del Espíritu Santo, daban testimonio de la resurrección del Señor Jesús. "Y todos fueron llenos del Espíritu Santo ... Y con gran poder los apóstoles daban testimonio de la resurrección del Señor Jesús" (Hch. 4:31, 33).

La muerte de Cristo llevó a cabo la redención, y dicha muerte es la base de nuestra salvación; aún así, no podemos detenernos en la muerte de Cristo, también tenemos que creer en Su resurrección.

Pregunta veintiuno

LA RESURRECCION Y LA SALVACION

Cristo dijo, estando en la cruz: "Consumado es", dando a entender que la obra de la cruz estaba completa allí. Entonces, ¿por qué no podemos ser salvos sin Su resurrección?

RESPUESTA

Cuando Cristo dijo en la cruz: "Consumado es", se refería a que la redención llegaba a su consumación, no que la salvación estuviese completa. El aspecto objetivo de la redención se cumplió en Cristo, y la aplicación personal de la salvación se produce cuando el individuo es salvo. Nuestra unión personal con Cristo está ligada a Su resurrección; por lo tanto, si El no hubiera resucitado, nosotros no podríamos ser salvos.

En Romanos 8:2 leemos: "Porque la ley del Espíritu de vida me ha librado en Cristo Jesús de la ley del pecado y de la muerte". Este versículo muestra que somos librados de dos leyes, la del pecado y la de la muerte. La muerte de Cristo quitó de en medio el pecado, mientras que Su resurrección elimina la muerte. Cristo eliminó el pecado mediante Su muerte y anuló la muerte por medio de Su resurrección. La muerte de Cristo resolvió el problema del pecado, y Su resurrección resolvió el problema de la muerte. No sólo éramos pecadores sino que estábamos muertos. El Señor murió en la cruz para salvarnos de nuestra condición pecaminosa, y resucitó para salvarnos de nuestro estado de muerte.

Si el Señor no hubiera muerto en la cruz, seríamos pecadores y además estaríamos muertos; si El solamente hubiera muerto y no hubiera resucitado, no seríamos pecadores pero permaneceríamos muertos. La resurrección destruye el poder de la muerte. La muerte satisface a Dios ya que suple la necesidad objetiva y cumple lo que exige la ley, mientras que la resurrección nos satisface a nosotros, pues suple la necesidad personal y nos da vida. Si sólo predicamos la muerte de Cristo sin la resurrección, estamos predicando la mitad del evangelio. Al leer el libro de Hechos, vemos que los apóstoles daban un marcado énfasis a la resurrección del Señor.

La Biblia menciona la sangre más de cuatrocientas veces, pues ella satisface a Dios; sin embargo, la sangre fue presentada a Dios después de la resurrección (He. 9:12). Debemos recalcar la muerte del Señor, ésta no se puede separar de la resurrección. Después de la muerte viene la resurrección, y sin ésta no puede haber salvación puesto que Dios nos regeneró mediante la resurrección de Jesucristo de entre los muertos (1 P. 1:3).

La verdad acerca de la resurrección se halla a lo largo de toda la Biblia. La resurrección se menciona muchas veces tanto en el Nuevo Testamento como en el Antiguo. Abraham ofreció a Isaac porque creyó en la resurrección; cruzar del río Jordán por parte de los israelitas y la vara de Aarón que reverdeció tipifican la resurrección. Dice en 1 Corintios 15:3-4: "Cristo murió por nuestros pecados, conforme a las Escrituras ... y ... resucitó al tercer día, conforme a las Escrituras". Las Escrituras en este versículo se refieren al Antiguo Testamento. Lo que muestra que la muerte y la resurrección de Cristo están en conformidad con las Escrituras.

Alabamos y agradecemos a Dios porque no sólo Su hijo murió por nosotros sino que también resucitó por nosotros. El no sólo resolvió el problema de la ley de pecado sino también el de la ley de la muerte. No nos salva solamente de nuestra condición pecaminosa sino también de la muerte en la estábamos.

Pregunta veintidos

PRIMERA EPISTOLA
A LOS CORINTIOS 15:3 Y 17

En 1 Corintios 15:3 dice que Cristo murió por nuestros pecados. ¿Por qué dice el versículo 17 que si Cristo no resucitó, aún estamos en nuestros pecados?

RESPUESTA

El versículo 3 menciona la muerte de Cristo, la cual se relaciona con los pecados, y el 17 menciona la resurrección de Cristo, la cual también tiene relación con el problema de los pecados. ¿Por qué el problema de los pecados mencionado en el versículo 3 se resuelve por medio de la muerte de Cristo mientras que el problema de los pecados mencionado en el versículo 17 se resuelve por Su resurrección? Los predicadores de hoy en día hacen mucho énfasis en la muerte de Cristo y prestan poca atención a la resurrección; es por eso que oímos muy a menudo que la muerte de Cristo nos libra de nuestros pecados, pero rara vez se nos dice que la resurrección también nos libra de nuestros pecados.

La muerte de Cristo nos libra del castigo por los pecados y cancela la deuda por todos los pecados, pero para ser librados del poder de los pecados se necesita la resurrección de Cristo. La palabra "pecados" del versículo 3 por estar en plural se refiere a los actos pecaminosos, los pecados que se cometen día a día. Cristo murió por nuestros pecados; sufrió el castigo que merecíamos y cargó con nuestros pecados en la cruz. Pero ahí no termina todo. ¿Qué vemos en el libro de Hechos? ¿Hablaban los apóstoles más sobre la muerte o sobre la resurrección? Al examinar 1 Corintios 15 ¿trataba Pablo de recalcar la muerte o la resurrección de Cristo? Este apóstol hacía más énfasis en la resurrección. El mundo cree que el Señor Jesús murió, aunque no le es fácil creer que murió por nuestros pecados. ¿Cómo sabemos que el propósito de la muerte del Señor era llevar nuestros pecados? La resurrección resuelve este problema y demuestra que éste era el fin de Su muerte. Con Su resurrección quedó resuelto el problema de los pecados. Cuando le decimos a alguien que el Señor Jesús murió por sus pecados, si el Espíritu Santo le revela al Cristo resucitado a la persona a la cual estamos diciendo que Cristo murió por sus pecados, dicha persona creerá. Solo la resurrección de Cristo comprueba que Su muerte elimina nuestros pecados.

La resurrección no sólo muestra que el Señor Jesús murió por nuestros pecados, sino que también nos da una nueva vida. El Señor Jesús tuvo que morir por nosotros, pero también resucitó por nosotros. Puesto que somos pecadores, El tuvo que morir en propiciación por nuestros pecados. Ahora bien, ¿podemos vivir en la carne delante de Dios? ¿Podemos pecar nuevamente? La muerte del Señor pagó todas las deudas, pero no podía evitar que contrajéramos nuevas deudas. El Señor tenía que resucitar para darnos una nueva vida diferente a la que teníamos antes, de manera que viviéramos de una manera distinta. La muerte cancela la cuenta de nuestros pecados, y la resurrección nos capacita para no pecar nuevamente. El Señor murió en propiciación por nuestros pecados y resucitó. El ahora vive en nosotros, lleva sobre Sí nuestros problemas y nos hace aptos para vencer los pecados y las tentaciones. Aunque Su muerte canceló todas nuestras deudas anteriores, si El no hubiese resucitado, no tendríamos la fuerza suficiente para evitar incurrir en nuevas deudas. Por lo tanto, era necesario que El resucitase, a fin de resolver nuestros problemas futuros. Tenemos que creer que el Señor murió para borrar nuestros pecados y que además resucitó y ahora vive en nosotros. Somos regenerados por Su resurrección (1 P. 1:3). Dios puso una vida nueva en nosotros, y ésta vida es una vida de resurrección, sin ataduras, y nos resucitará de la misma forma que sucedió con Cristo.

Muchas personas cometen el error de recibir solamente la muerte del Señor y dejan a un lado la resurrección. Algunos creyentes piensan que sus problemas o circunstancias son demasiado difíciles y que las tentaciones son tantas que jamás podrán vencerlas. Debido a que piensan que sus tentaciones son tan palpables, no las pueden vencer. Debemos ver que aunque las tentaciones sean intensas, el Cristo que mora en nosotros es también real. A veces Dios nos pone en circunstancias difíciles por dos razones: (1) El quiere mostrarnos que el Cristo que vive en nosotros es real y (2) quiere que nosotros estemos satisfechos con la realidad del Cristo que vive en nosotros. Podemos vencer los pecados no sólo una vez ni dos, sino muchas, por medio del Cristo que vive en nosotros. Muchas personas ven sólo al Salvador y olvidan que ese Salvador vive dentro de ellas. Ven al Salvador del Gólgota y se olvidan de Aquel que mora en ellos. Pero la vida que mora en nosotros es real y vence cualquier tentación.

Vemos claramente, entonces, que la muerte resuelve el problema del pecado y que la resurrección nos ha dado una vida nueva que nos capacita para no pecar.

Pregunta veintitres

CREER EN EL HIJO DE DIOS

¿Por qué nos dice la Biblia que creamos en el Hijo de Dios? ¿Qué significa creer en el Hijo de Dios? ¿Qué parte de la obra que Cristo realizó permite que creamos en el Hijo de Dios? ¿Si una persona sólo cree que Jesús es el Hijo del Hombre será salva?

RESPUESTA

Cristo resucitó como hombre; por lo tanto, incluyó a toda la humanidad. Puesto que Cristo murió como un hombre, todos los hombres murieron (2 Co. 5:14), así como el acto de Adán, un hombre, y la obra de Cristo, incluyeron a toda la humanidad. Para entender la redención, necesitamos comprender que Cristo incluyó a toda la humanidad.

A fin de que comprendamos que el sacerdocio de Melquisedec es mucho más elevado que el de los levitas, Hebreos 7:4-10 nos relata el caso cuando Abraham trajo los diezmos del botín a Melquisedec y recibió de él la bendición. Por lo tanto, Melquisedec era mucho más superior que los hijos de Leví, porque éste "aún estaba en los lomos de su padre cuando Melquisedec le salió al encuentro" (v. 10). Abraham engendró a Isaac, éste a Jacob, y éste, a su vez, a Leví. Así que Leví era biznieto de Abraham. Por consiguiente, cuando Abraham ofreció el diezmo a Melquisedec y éste lo bendijo, no habían nacido ni Leví ni su padre ni su abuelo. Sin embargo, la Biblia considera el pago de los diezmos por parte de Abraham y la bendición que recibió, como los diezmos de Leví y la bendición dada a Leví. Dado que Abraham era inferior a Melquisedec, obviamente Leví también lo era. Este pasaje nos ayuda a comprender que cuando Adán pecó, todos los hombres estaban en sus lomos, así que todos pecaron. De la misma manera, cuando Cristo murió, todos los hombres estaban en El y también murieron.

Cristo como el Hijo del hombre puso fin a todo lo de Adán, y como el Hijo de Dios dio origen a la nueva creación. Cristo es el postrer Adán y mediante Su muerte dio fin a la vieja creación. Por Su resurrección, inició la nueva creación. Mediante Su muerte eliminó los pecados y nos dio vida por medio de Su resurrección. Por esta razón, la Biblia nos dice que creamos en el Hijo de Dios.

Creer en el Hijo de Dios significa creer en la resurrección del Señor porque El "fue designado Hijo de Dios con poder ... por la resurrección de entre los muertos" (Ro. 1:4). En Salmos 2:7 dice: "Mi hijo eres tú; yo te engendré hoy". Este versículo se cumplió en Hechos 13:33 mediante la resurrección del Señor.

Creer en el Hijo de Dios significa creer en la obra de resurrección que Cristo llevó a cabo por nosotros.

Si una persona sólo cree que Cristo es el Hijo del Hombre no puede ser salva, pues tiene que creer que El es tanto el Hijo del Hombre como el Hijo de Dios para ser salva. Cristo no sólo murió, sino que también resucitó. El no sólo llevó sobre Sí nuestros pecados, sino que también abolió la muerte. El no se limita a evitar que perezcamos, sino que además nos da vida eterna.

PREGUNTA VEINTICUATRO

UN MILAGRO DEL ANTIGUO TESTAMENTO

¿Cuál es el milagro más importante del Antiguo Testamento? ¿Con qué se relaciona dicho milagro?

RESPUESTA

El milagro más importante del Antiguo Testamento es el milagro de Jonás y alude a la resurrección del Señor.

Algunos han interpretado mal este milagro, pues dicen que la estadía de Jonás en el vientre del pez tres días y tres noches tipifica los tres días y las tres noches que el Señor estuvo en lo profundo de la tierra; sin embargo, el haber sido sepultado no es un milagro, ya que cuando una persona muere, se la entierra. Es posible que una persona sea arrojada al mar y sea devorada por un gran pez, pero eso no es un milagro. Tampoco sería un milagro estar en el vientre de un pez por cincuenta días y cincuenta noches. Lo que constituye un milagro es salir del vientre de un pez en que se ha estado tres días y tres noches. La sepultura de Cristo y Su permanencia allí por tres días y tres noches no es un milagro, pues la muerte no es un milagro; el milagro es la resurrección.

Jonás había tomado una decisión y no habría cedido si no se hubiese presentado esa calamidad. El tenía bastantes prejuicios raciales. Dios le ordenó ir a Nínive, pero él, haciendo caso omiso, se fue a Tarsis. Aunque no quería obedecer a Dios, éste no dejó que siguiera su propio parecer, así que hizo levantar un gran viento en el mar y una gran tempestad que casi partía la nave. Jonás, consciente de que él era la causa de aquella tempestad, pidió a los marineros que lo echaran al mar. Al ser arrojado al mar, inmediatamente la tempestad cesó. Dios había preparado un gran pez que tragase a Jonás, quien estuvo en el vientre del pez durante tres días y tres noches. Después de que el pez vomitara a Jonás en tierra por orden de Dios, él obedeció finalmente a Dios y fue a Nínive a predicar el evangelio. Así que si usted desea tener paz interior, tiene que echar a este hombre Jonás a lo profundo del mar.

Jonás se rebeló y trató de eludir la voluntad de Dios y como consecuencia de ello fue echado al mar. Pero nuestro Señor Jesús fue crucificado por nuestros pecados. Cuando Jonás fue arrojado al mar, todo quedó en calma. Cuando el Señor murió todo quedó en paz, el hombre fue reconciliado con Dios. Cuando estamos dispuestos a aceptar la posición que el Señor nos da, todo queda en paz. Jonás tuvo que ser echado al mar; el Señor tuvo que morir, y nosotros también debemos morir y participar de Su muerte.

El hecho de que Jonás fuese lanzado al mar y tragado por un pez representa la sepultura, cuyo único fin es mantener a los muertos fuera de la vista del hombre. Al morir Sara, la esposa de Abraham, éste habló con los hijos de Het diciendo: "Dadme propiedad para sepultura entre vosotros, y sepultaré mi muerta de delante de mí" (Gn. 23:4). En el bautismo confesamos que la muerte del Señor Jesús es real y que nuestra muerte en Él también lo es. Morimos y fuimos sepultados juntamente con Él. La acción del pez de arrojar a Jonás en la tierra tipifica la resurrección. El Señor Jesús se levantó de la tumba, y nosotros fuimos levantados juntamente con Él. La resurrección del Señor es el punto central de este milagro. La resurrección no es un simple hecho objetivo, sino también una experiencia subjetiva. Antes de que Jonás fuera echado al mar, él habría preferido morir en lugar de ir a Nínive. Él no estaba listo para ir allí hasta que fue vomitado por el pez en tierra seca. Este cambio fundamental en él fue obra de la resurrección. Después de que creemos en el Señor y experimentamos la resurrección, estamos dispuestos a hacer lo que antes no hubiéramos hecho. Anteriormente fracasábamos en muchas áreas y no podíamos vencer, pero una vez que recibimos la vida de resurrección, experimentamos un cambio fundamental.

PREGUNTA VEINTICINCO

LA NATURALEZA DEL CRISTIANO

Adán fue creado por Dios, no nació de El, pero Cristo nació de Dios, no fue creado. ¿Los cristianos nacimos de Dios o fuimos creados por El?

RESPUESTA

Algunas personas dicen que creen en toda la Biblia, pero no creen que los cristianos son regenerados. Afirman que la regeneración es para los judíos y que los cristianos son creados de nuevo, no nacen de nuevo; no obstante, la Biblia dice que los cristianos son nacidos de Dios y también creados de nuevo. En Juan 3:6 leemos: "Lo que es nacido de la carne, carne es; y lo que es nacido del Espíritu, espíritu es". Y en la primera epístola de Pedro 1:3 dice que Dios "nos ha regenerado ... mediante la resurrección de Jesucristo de entre los muertos". Esto nos recuerda que hay un engendramiento en la carne y uno en el Espíritu Santo. En 2 de Corintios 5:17 dice: "De modo que si alguno está en Cristo, nueva creación es; las cosas viejas pasaron; he aquí son hechas nuevas". Cada vez que se menciona la regeneración, nos recuerda que teníamos la vida adámica, pero cuando se menciona la nueva creación, nos recuerda que debemos olvidar las cosas viejas y pensar solamente en Cristo.

Somos una nueva creación en Cristo. Si bien esto se refiere a nuestra posición, también incluye nuestra experiencia. La posición y la experiencia son diferentes, mas no se pueden separar. En lo que a posición se refiere, los creyentes de Corinto fueron santificados y justificados, pero en su experiencia, tenían celos y contiendas. Aunque es correcto afirmar esto, si separamos la posición de la experiencia podemos olvidar lo que Cristo logró y concentrarnos demasiado en nuestra propia experiencia. Cuanto más atención pongamos a nuestra propia experiencia, menos experimentaremos, pero si ponemos los ojos en Cristo, seremos transformados a la imagen de nuestro Señor. No debemos mirarnos a nosotros mismos sino a Cristo, porque es allí donde encontraremos una experiencia genuina. ¿Qué significa centrarnos en nosotros mismos? Es volvernos hacia nuestro interior y pensar en nosotros mismos. Cuando nos tornamos para hacia adentro de nosotros mismos y pensamos en nosotros mismos, inmediatamente vivimos en nosotros mismos. Ser humilde es no pensar en uno mismo, ni es pensar menos en uno, puesto que cuando uno trata de no pensar en sí mismo, de todos modos tiene su mente fija en sí mismo. Nuestra unión con Cristo no es solamente una unión en posición, sino también en vida. (Lo mismo sucede en nuestra unión con Adán). Cualquiera que miraba la serpiente de bronce, experimentaba la eficacia de ésta (Nm. 21:9), y cualquiera que mira a Cristo, experimenta la victoria.

Pregunta veintiseis

ROMANOS 5:9 Y 4:25

¿Qué significa el ser justificado en Su sangre? (Ro. 5:9) y ¿qué significa el haber sido justificado por la resurrección? (4:25).

RESPUESTA

En Romanos 5:9 se nos muestra que fuimos justificados en Su sangre, y en 4:25 vemos que Jesús resucitó para nuestra justificación. ¿Cómo podemos conciliar estos dos versículos? Necesitamos escudriñar lo que significa ser justificado en Su sangre y haber resucitado para nuestra justificación, y ¿qué tan amplio es el campo de la justificación y el de haber resucitado para nuestra justificación?

De acuerdo con la Biblia, la justificación tiene dos significados: (1) Al creyente le son perdonados todos los pecados, y (2) Dios lo ve justo y perfecto. Antes de que Adán y Eva pecaran, no fueron justificados delante de Dios. Cristo, por Su parte, es justo y perfecto a los ojos de Dios. Al creyente que se acerca a Dios se le considera no sólo perdonado de sus pecados sino también justo. Cuando la persona se acerca a Dios, no solamente es libre de toda mancha de pecado, sino que además es vestido del manto de justicia. Todo aquel que se acerca a Dios en Cristo, es acepto, del mismo modo que Cristo.

¿Cuál es la diferencia entre ser justificado por la sangre y ser justificado por la resurrección? La sangre del Señor Jesús resolvió el problema de nuestros pecados, pues al ser derramada, nuestra cuenta de pecados quedó cancelada. Al mismo tiempo, Dios nos acepta mediante la resurrección del Señor Jesús. Muchos cristianos cometen el grave error de pensar que el perdón lo incluye todo. Por supuesto, debemos regocijarnos por el perdón de nuestros pecados, pero Dios nos da mucho más que el perdón de pecados en Cristo. El perdón es sólo una parte de la salvación completa. Algunos afirman que estarán satisfechos con llegar al cielo. Otros dicen que sería suficiente con llegar a las puertas del cielo. Indudablemente desconocen el significado de la gracia de Dios. La Biblia dice que la gracia de Dios incluye no sólo el perdón de pecados sino también una verdad gloriosa: cuando entramos a la presencia de Dios, somos aceptos ante Él. En Efesios 1:6 dice: "Nos agració en el Amado". Esto significa que fuimos perdonados y aceptados. Dios aceptó al ladrón que fue crucificado con Jesús, justo antes de morir, de la misma manera que aceptó a los apóstoles Juan, Pedro y Pablo. Ante Dios, todo aquel que está en Cristo está libre de mancha y de culpa. ¿Qué es una mancha? Por ejemplo, cuando sana en la piel una herida que hayamos sufrido, queda una cicatriz; ya no hay dolor ni daño, pero la huella de la cicatriz ha quedado como evidencia de que recibimos una herida. La Biblia dice que Dios nos salvó a tal grado que ni siquiera tenemos cicatrices. El nos salva de tal manera que nuestros pecados jamás serán recordados y nunca más nos sentiremos culpables. La obra de Dios es perfecta. El no sólo perdona nuestros pecados, sino que, además, nos salva y nos hace justos.

La sangre nos redime delante de Dios, lo cual constituye el aspecto objetivo, y la sangre purifica la conciencia del hombre (He. 9:14). Cada vez que pensemos en nuestros pecados, podemos tener presente que la sangre nos lavó, y nuestro corazón estará en paz. Este es el efecto subjetivo de la aplicación de la sangre. El Señor Jesús derramó Su sangre en propiciación por nuestros pecados delante de Dios y así el problema del pecado quedó resuelto. La sangre del Señor también limpia nuestra conciencia. Pero ¿qué es la conciencia? Cuando pecamos, una voz interior nos dice que pecamos y hace que nos sintamos incómodos, pero cuando acudimos a la sangre del Señor, nuestra conciencia es purificada a tal grado que queda libre del peso de ese pecado. Si un creyente vive constantemente bajo la acusación de su conciencia, no significa que sea humilde; más bien muestra una enorme falta de fe en la Palabra de Dios y un total menosprecio por la obra de Cristo. Ninguno de nosotros debe tener una conciencia que lo acuse de pecados pasados. Debemos creer que la sangre nos lavó completamente.

Cierta mujer de más de cincuenta años de edad había cometido por varios meses un pecado muy vergonzoso hacía ya veinte años, y aunque se había arrepentido, pensaba que jamás sería perdonada, y por lo tanto, no tenía paz. Conoció a un predicador y le presentó su caso. El predicador le preguntó si había leído 1 Juan 1:7, y ella contestó que sí. Entonces el predicador le dijo que leyeran juntos la última parte de ese versículo: "La sangre de Jesús Su Hijo nos limpia de todo pecado". El le preguntó: "¿Has cometido algún otro pecado?" Ella contestó: "He cometido otros pecados, pero de todos he sido lavada con la sangre, pero eso no ha sido posible con éste". Entonces el predicador le dijo: "Mi Biblia dice que la sangre me limpia de *todo* pecado, no de *otros* pecados". Luego ambos leyeron el versículo 9: "Si confesamos nuestros pecados, El es fiel y justo para perdonarnos nuestros pecados, y limpiarnos de toda injusticia". Le preguntó a la mujer: "¿Cómo perdona y lava tus pecados el Dios fiel y justo?" Ella replicó: "Al confesarlos". "¿Has confesado tu pecado?" dijo él, y ella respondió: "Muchísimas veces". "Bueno", dijo él, "puesto que Dios dice que si confiesas tus pecados, El te perdona y te limpia, y tú ya has confesado, entonces El ya te perdonó y te limpió". Ella dijo: "Pero, yo no me siento así". Entonces él le dijo: "¿Tiene alguna importancia cómo te sientas si el Dios del cielo te ha perdonado y limpiado?" A lo cual ella contestó: "En realidad, no". Luego oraron, y el predicador le dijo: "La oración es efectiva sólo cuando crees lo que la Biblia dice, y si no crees, es inútil que sigas orando". Entonces él de una manera sencilla la confió a Dios pidiendo que ella creyera que sus pecados ya habían sido lavados y eliminados, y luego ella declaró: "Oh, Dios, mi problema era que no creía en la obra de Cristo, pero ahora creo en Tu obra y creo en Tu Palabra; por lo tanto, mi pecado ha sido perdonado y limpiado". Más tarde, alguien le preguntó a ella cómo se sentía, ella contestó que se sentía muy, muy bien.

Dado que muchas personas no han podido ver esto, miran sus pecados en vez de mirar al Salvador; se encierran en su condición de pecado en vez de acudir a la gracia de Dios. Prestan más atención a sus pecados que a la obra de Cristo. Quienes se preocupan por sus propios pecados están propensos a pecar. Si acudimos al Señor Jesús y creemos en la obra que Él hizo, sin duda alguna nos olvidaremos de nuestros pecados. Nuestra salvación depende de poner los ojos en el Señor y no en nosotros mismos. Cuanto más nos detengamos en nuestros pecados, mucho más difícil nos será deshacernos de ellos, pero si miramos al Señor, seremos transformados de gloria en gloria en la misma imagen del Señor.

Ser justificados por la resurrección consiste en que el Señor resucitó para impartirnos una vida nueva, la cual es tan justa como el Señor mismo y no peca. Cuando Dios ve esta vida, nos considera justos. La resurrección de Cristo nos imparte una vida nueva y esconde nuestra vida con Cristo en Dios (Col. 3:3). En cuanto al aspecto subjetivo, Cristo como nuestra vida mora en nosotros ya que lo recibimos cuando fuimos regenerados. Esta es la vida de resurrección. En cuanto al aspecto objetivo, nos presentamos a Dios en Cristo, lo cual nos lleva a una nueva posición, y Dios nos ve tan justos como Cristo. De la misma manera que Dios ve a Cristo, nos ve a nosotros. Por lo tanto, cuando entramos en Su presencia, no tenemos nada que temer y podemos decir llenos de confianza y de fe: "¡Aleluya!" Podemos decir a Dios: "Tú eres nuestro Padre, y nosotros somos Tus hijos". Es Dios quien nos justifica; Él no nos condena, y cuando nos acercamos a Él en Cristo, nada es más hermoso que nosotros. Las estrofas 3 y 4 del himno 143 dicen:

> Tan cerca estoy, tan cerca a Dios,
>   Ya no se puede más,
> Pues en Su Hijo yo estoy
>   Tan cerca como Él está.
>
> Querido soy, querido a Dios,
>   Más, no me puede amar;
> Como a Su Hijo me ama a mí,
>   El mismo amor me da.

Cristo nos dio esta nueva vida y esta nueva posición delante de Dios. Muchos cristianos no crecen debido a que sus conciencias los acusan y no se sienten libres ante Dios. Cuando se abre una fisura en la conciencia, la fe se escapa por ahí. Cuando oramos y la conciencia nos acusa, nuestra fe se debilita.

La justificación que proporciona la sangre resuelve el problema de nuestros pecados, y Dios nos mira como si jamás hubiéramos pecado. La justificación obtenida mediante la resurrección significa que Cristo ha llegado a ser nuestra vida. En consecuencia, tenemos una nueva posición en Cristo ante Dios, la cual es la misma posición que Cristo ocupa delante de El.

Pregunta veintisiete

LA CRUCIFIXION DE CRISTO

La crucifixión de Cristo tiene dos aspectos: fue crucificado por el hombre y por Dios. En Hechos 2:23, 36 y 3:15 se presenta la crucifixión como obra de los hombres, mientras que en Isaías 53:6, 10 se muestra la crucifixión como obra de Dios. ¿Qué parte de la crucifixión fue efectuada por el hombre y cuál por Dios?

RESPUESTA

Cuando leemos la Biblia vemos claramente que la crucifixión de Cristo fue efectuada por el hombre y por Dios, lo cual deducimos especialmente de las siete palabras dichas por el Señor en la cruz. De acuerdo con el tiempo del hombre, la crucifixión duró seis horas. En las primeras tres horas, el Señor expresó tres frases, y en las últimas horas, cuatro. ¿Por qué no declaró estas últimas tres palabras en las primeras tres horas? Si leemos cuidadosamente, nos damos cuenta de que las primeras tres horas de la crucifixión se relacionaban con la obra del hombre, mientras que las últimas tres horas, con la obra de Dios.

Durante las primeras tres horas, desde las nueve de la mañana hasta el mediodía (Mr. 15:25) el hombre le escarneció, le azotó, le vituperó, le injurió y le crucificó. Todo esto le sobrevino de parte del hombre.

Durante las últimas tres horas, del mediodía a las tres de la tarde, la crucifixión fue efectuada por Dios, y lo sabemos porque desde el mediodía hasta las tres de la tarde hubo tinieblas sobre toda la tierra. Esto está fuera del alcance del hombre. El velo del templo se rasgó en dos, de arriba abajo. Esto está fuera del alcance del hombre. La tierra tembló, porque las rocas se partieron y porque se abrieron los sepulcros (Mt. 27:45, 51-52). Todo esto está fuera del alcance del hombre; fue obra de Dios.

Durante la primera parte de la crucifixión, el hombre hizo todo lo que pudo, y durante la última parte, Dios también hizo todo lo que quiso. La primera parte expresa el odio del hombre hacia Dios. Pero la segunda parte expresa todo el amor de Dios hacia el hombre. Por consiguiente, podemos decir que en la cruz convergen el odio y el amor.

Examinemos las tres palabras dichas por el Señor durante las primeras tres horas:

En primer lugar El dijo: "Padre, perdónalos, porque no saben lo que hacen" (Lc. 23:34). ¿Cómo podría perdonar Dios a aquellos que mataban a un inocente? ¿Cómo pudo el Señor siquiera orar así? ¿No sería Dios injusto si contestaba esta oración? Para entender esto, debemos entender que El Señor Jesús fue crucificado para llevar el pecado del mundo. El Dios justo sólo puede perdonar nuestros pecados en la cruz porque "sin derramamiento de sangre no hay perdón" (He. 9:22). Así que desde Su posición en la cruz El pudo ofrecer esta oración; de no haber sido así, ni Su oración ni el perdón de Dios serían justos.

En segundo lugar el Señor dijo: "De cierto te digo: Hoy estarás conmigo en el Paraíso" (Lc. 23:43). ¿Cómo pudo este ladrón entrar al Paraíso? ¿Seguiría siendo un paraíso si a todos los ladrones se les permitiera entrar? Estos son interrogantes enunciados por el hombre. Ante Dios, no sólo a los ladrones se les prohíbe entrar sino también a los buenos, ya que en Adán, todos pecaron (Ro. 5:12). El Señor Jesús pudo hablar con el ladrón arrepentido porque El es el único Mediador entre Dios y los hombres (1 Ti. 2:5) y porque El es el Cordero de Dios (Jn. 1:29). Mediante el Espíritu Eterno, El se ofreció a Dios sin mancha y sin defecto; por lo tanto, Su sangre purifica de obras muertas la conciencia del hombre (He. 9:14). El ladrón que entra en el Paraíso ya no es un ladrón, pues su conciencia ha sido purificada de obras muertas. Hoy todo aquel que recibe al Señor, o sea, todo aquel que cree en Su nombre, experimenta lo mismo.

La tercera palabra fue: "Mujer, he ahí tu hijo ... He ahí tu madre" (Jn. 19:26-27). Este versículo muestra que tenemos una nueva relación con Dios y con el hombre debido a lo que el Señor hizo en la cruz. Ahora somos hermanos de los santos y miembros de la familia de Dios; tenemos comunión con Dios y los unos con los otros. Juan no fue el único que recibió a María como su madre por lo que le dijo el Señor. Más tarde, Pablo (Ro. 16:13) expresa algo similar; todos los santos de todas las edades también experimentan algo así. Es admirable que al tener todos esta misma vida, se establece una nueva relación entre todos los santos.

Después de que el Señor profirió estas tres frases, hubo tinieblas en toda la tierra. Dios oyó la oración del Señor Jesús y puso sobre Él todos los pecados del mundo. Al que no conoció pecado, Dios lo hizo pecado por nosotros; así que Dios nos salva no sólo según Su gracia, sino según Su justicia. Él no sólo tiene misericordia sino que pagó un alto precio por nosotros y canceló todas nuestras deudas.

Como a las tres de la tarde, el Señor enunció otras cuatro palabras. La cuarta fue: "Dios Mío, Dios Mío, ¿por qué me has desamparado?" (Mt. 27:46). Muchos mártires han experimentado persecución y castigos pero no han dado indicios de dolor ni de lástima por sí mismo. Al contrario, han sentido a Dios mucho más cerca. Nuestro Señor obedeció a Dios durante toda Su vida; así que si hubiera sido crucificado por el hombre solamente, Dios habría estado más cerca. ¿Cómo podía Dios desampararle cuando el hombre lo había hecho? Alabamos y agradecemos a Dios porque en la cruz, nuestro Señor no murió como mártir, sino que llevó los pecados de la humanidad. Dios puso nuestros pecados en Él y lo crucificó. Después de que el Señor dijo las primeras tres frases, Dios oyó Su oración y puso todos los pecados de la humanidad en Él. El Señor supo entonces que Dios lo había desamparado.

La quinta palabra fue: "Tengo sed" (Jn. 19:28). La sed es característica del sufrimiento que se padece en el infierno. El hombre rico mencionado en Lucas 16 estaba en el fuego del Hades sin una gota de agua. No hay otro lugar que cause más sed que el infierno. En ese momento el Señor sufrió el castigo del infierno que merecía el hombre y gustó la muerte por todos los seres humanos ya que El llevó todos nuestros pecados (He. 2:9).

La sexta palabra fue: "Consumado es" (Jn. 19:30), que indica que la redención se había llevado a cabo. El Señor cargó con los pecados de la humanidad y recibió el castigo por el pecado del hombre.

La séptima palabra que el Señor articuló fue: "Padre, en Tus manos encomiendo Mi espíritu" (Lc. 23:46). Anteriormente el Señor había dicho: "Dios Mío, Dios Mío, ¿por qué me has desamparado?" El dijo estas palabras mientras llevaba sobre Sí los pecados del hombre, pero aquí pudo decir "Padre", porque después de haber cumplido la redención, Su comunión con el Padre se restauró inmediatamente. El Señor dio Su vida voluntariamente y encomendó Su vida a Dios. El había dicho: "Nadie me la quita, sino que Yo de Mí mismo la pongo. Tengo potestad para ponerla, y tengo potestad para volverla a tomar" (Jn. 10:18). Si El no lo hubiera hecho, ni miles de cruces le hubieran podido quitar la vida.

El Señor quitó nuestros pecados, y Dios, según Su justicia, no podía escoger entre perdonar o no hacerlo. El debe perdonarnos porque Cristo murió y se convirtió en la ofrenda por el pecado.

Ya que el Señor sólo cumplió la obra de redención al morir en la cruz, quizás algunos se pregunten cómo pudo perdonar pecados antes de Su muerte. Esto es posible porque Dios considera la cruz como un hecho cumplido mucho antes del momento cronológico en que Cristo murió. En Juan 3:15 dice: "Para que todo aquel que en El cree, tenga vida eterna" y Juan 6:54 dice: "El que come Mi carne y bebe Mi sangre, tiene vida eterna". Estos pasajes nos muestran que aunque el Señor se encontraba en la tierra, todo aquel que en El creía, tenía vida eterna. Además Apocalipsis 13:8 dice: "El Cordero que fue inmolado desde la fundación del mundo". El Señor es el Cordero que fue inmolado desde la fundación del mundo; por lo tanto, la iglesia no se limita al espacio (pues el Cuerpo de Cristo es uno solo), y la cruz no se limita al tiempo (pues aun en el Antiguo Testamento, Dios perdonaba). En el Antiguo Testamento si alguien mataba a una persona por accidente tenía que huir a una ciudad de refugio para salvar su vida y quedaba libre cuando moría el sumo sacerdote (Nm. 35:25-28). Esto indica que antes de la muerte de Cristo, si alguien se escondía en Cristo, era salvo y libre por la muerte de Cristo.

Pregunta veintiocho

JUAN 19:30 Y COLOSENSES 1:24

En Juan 19:30 dice: "Consumado es", y Colosenses 1:24 dice: "Completo ... lo que falta de las aflicciones de Cristo". ¿A qué se refiere "consumado es" y a qué alude "lo que falta?"

RESPUESTA

A primera vista, parece que estos versículos se contradicen, pero si los leemos con detenimiento, notaremos la diferencia.

En Juan 19:30 la expresión "consumado es" se refiere a la redención que llevó a cabo el Señor Jesús, al castigo que recibió en la cruz y al castigo de Dios que tuvo que sufrir por los pecados.

La palabra *aflicciones* a veces se traduce como "penas" o "tribulaciones". En Colosenses 1:24 las "aflicciones" se refieren a las aflicciones humanas. Nadie puede participar de las aflicciones que Cristo recibió de la mano de Dios, las cuales ya se cumplieron. Pero al mismo tiempo, todavía faltan las aflicciones que Cristo padeció a manos de los hombres, las cuales todos los creyentes deben cumplir.

Aunque la obra de redención ya se llevó a cabo, muchos creyentes no la entienden claramente; algunos piensan que por su buen comportamiento están calificados para ir al cielo y pueden entrar con confianza, pero si no se comportan bien, ya pierden esta confianza y piensan que difícilmente llegarán al cielo. ¡Cuán equivocados están! Supongamos que el ladrón que estaba al lado del Señor en la cruz no murió después de haber creído en Él sino que vivió muchos años y trabajó diez veces más que Pablo, amó diez veces más que Juan y salvó diez veces más personas que Pedro. ¿Harán todas estas obras alguna diferencia en el hecho de que él fuera al cielo, en comparación con el día de su crucifixión? ¿Lo harán más merecedor del cielo? Quienes conocen la gracia de Dios saben que todos los requisitos para que el hombre vaya al cielo fueron cumplidos por el Señor y que nadie es más ni menos digno de ir al cielo. Cristo realizó la obra de redención; nadie puede añadir nada a Su obra, y aunque una persona sea muy santa, su acceso al cielo se basa en lo que Cristo hizo por ella cuando El dijo: "Consumado es".

Pero no nos desviemos pensando que los creyentes no pueden pecar. No, rotundamente no. Si un creyente salvo no tiene un buen comportamiento, no queda descalificado para ir al cielo, pero no podrá entrar en el reino. Nuestro comportamiento no tiene nada que ver con la entrada al cielo y aun Dios mismo no cambia este hecho. Ya fuimos juzgados y morimos porque el Señor fue clavado en la cruz. Dios no puede ser injusto; así que al aceptar la muerte de Cristo como nuestra, no nos puede juzgar ni condenar nuevamente. Ya lo cumplió todo, y éste hecho es inmutable. Pero si pecamos, seremos privados de la gloria del reino.

Hay dos pasajes en Romanos que hablan específicamente de la gloria de Dios. Uno dice: "Porque todos han pecado, y carecen de la gloria de Dios" (3:23). Y el otro: "Por medio del cual también hemos obtenido acceso por la fe a esta gracia en la cual estamos firmes y nos gloriamos por la esperanza de la gloria de Dios" (5:2). Carecemos de la gloria de Dios a causa de nuestros pecados, pero nos regocijamos en la esperanza de esa gloria por la sangre. No importa en qué pecado hayamos incurrido, la sangre nos lava y limpia. Debido a la muerte de Cristo, podemos "gloriarnos por la esperanza de la gloria de Dios".

La obra redentora de Cristo ya se cumplió, pero todavía faltan las aflicciones de Cristo. El obtuvo la redención, pero no todos están conscientes de ello. Hay muchos que todavía no saben que la redención ya se efectuó; por eso les debemos decir lo que Cristo realizó. Cristo sólo predicó el evangelio a las personas con quienes se encontró, y Su predicación se limitó a esa generación, pero faltan todavía Sus aflicciones entre la humanidad; es por eso que debemos predicar hoy, y cuando lo hagamos inevitablemente tendremos aflicciones. Al predicar el evangelio arriesgamos nuestro prestigio, pues aun la simple distribución de volantes nos da vergüenza, pero es necesario afrontar esto. Cristo efectuó la redención pero falta predicar sobre Su obra. Así que, salgamos a predicar.

Pregunta veintinueve

LA MUERTE DE CRISTO

¿Cuál es la diferencia entre la muerte de Cristo por nosotros (Ro. 5:8) y Su muerte por nuestros pecados (1 Co. 15:3)?

RESPUESTA

Cuando Cristo murió, murió por nosotros los pecadores con el propósito de salvarnos. El murió para nuestro beneficio y como resultado de la obra que efectuó, nos obtuvo para Sí y nos libró de nosotros mismos.

La muerte de Cristo por nuestros pecados significa que El murió por los pecados que hemos cometido. El propósito de dicha muerte fue cancelar la cuenta de nuestros pecados y librarnos del castigo y el poder del pecado a fin de que nuestros pecados fueran perdonados y nosotros fuéramos librados del dominio del pecado.

PREGUNTA TREINTA

SEGUNDA EPISTOLA A LOS CORINTIOS 5:21

En la redención ¿intercambian los creyentes su posición con Cristo? En otras palabras, ¿el justo Cristo vino a ser injusto y los pecadores injustos se hicieron justos (2 Co. 5:21)?

RESPUESTA

En la redención, los creyentes no intercambian su posición con Cristo, sino que son unidos a El. "Al que no conoció pecado, por nosotros lo hizo pecado, para que nosotros viniésemos a ser justicia de Dios en El" (2 Co. 5:21).

No encontramos que la Biblia diga que los creyentes y Cristo han cambiado posiciones, y aunque decimos con frecuencia que éramos pecadores y que ahora somos salvos porque Cristo murió en nuestro lugar, debemos tener presente que esta expresión se refiere exclusivamente a lo que nosotros personalmente hemos recibido. La pregunta planteada corresponde a nuestra posición en el plan de redención. En lo que se refiere a nuestra ganancia personal, Cristo murió por nosotros; pero en cuanto a la redención, si dijéramos que Cristo solamente se mantuvo en la posición de los pecadores con el fin de morir por nosotros, haríamos a Dios injusto. Puesto que Cristo es justo, Dios no podría considerarnos justos. En la redención, Cristo y nosotros no hemos intercambiado posiciones, sino que nos hemos unido.

Leamos 2 Corintios 5:21 otra vez: "Al que no conoció pecado, por nosotros lo hizo pecado". Este versículo nos muestra que a Aquel que jamás había pecado y que no conocía pecado, Dios lo hizo pecado por nosotros. Nótese que el versículo dice: "lo hizo pecado". No dice que "cargó" ni que "llevó" el pecado. Si dijera "llevar" existiría también la posibilidad de no llevar, y si la redención fuera tan sólo un asunto de "cargar", entonces se habría logrado con meramente cargar algo en el cuerpo. Sin embargo, Cristo no sólo llevó ni sólo cargó nuestros pecados en la cruz, sino que El mismo se hizo pecado. El Señor se unió a nosotros a tal grado que no sólo llevó nuestros pecados sino que El se hizo pecado; por consiguiente, cuando Dios lo juzgó, juzgó el pecado, y cuando lo castigó, castigó el pecado.

En cuanto a la redención, debemos entender tres aspectos: (1) Dios y el hombre (2) Dios por el hombre y (3) Dios en el hombre. Primero, la unión de Dios y el hombre hizo que Dios llevara a cabo la redención. Segundo, Dios cumplió la redención por el hombre; y tercero, Dios llevó a cabo esta obra dentro del hombre. La encarnación del Señor Jesús es la unión de Dios con el hombre; esto es lo que significa Dios y el hombre. Ya que existía una unión entre Dios y el hombre, el Señor Jesús pudo morir y resucitar por nosotros y ser el Salvador poderoso. Para poder morar en el hombre, Dios envió Su Espíritu Santo desde el cielo. Mientras el Señor Jesús estuvo aquí en la tierra, estaba revestido de carne, pero ahora El mora en nosotros y está revestido del Espíritu. Por eso es que algunos dicen que el Espíritu Santo es el Señor Jesucristo expresado de otra forma. El Espíritu Santo obra en nosotros y lleva a cabo lo que Dios ya realizó en nosotros. Si no tuviéramos el primer aspecto, no podríamos tener ni a Dios por el hombre ni a Dios en el hombre. Si el Señor Jesús no hubiera nacido como hombre, jamás habría muerto. Cuando el Señor Jesús murió en la cruz, no llevó el pecado del mundo como una tercera persona, sino que El mismo se hizo pecado y murió como hombre por nosotros. Por un lado, Dios puso nuestros pecados en el Señor, y por lo tanto, El llevó nuestros pecados; pero por otro, en la redención, Dios juzgó el pecado y a nosotros cuando juzgó al Señor Jesús. Hoy damos gracias a Dios por el hecho de que Jesucristo se hizo pecado por nosotros en la cruz.

¿Cuál fue el resultado de que Cristo se hiciese pecado por nosotros? ¿Llegamos a ser justicia? No. ¿Llegamos a ser justicia en El? No, sino que "llegamos a ser justicia de Dios en El". No sólo debemos prestar atención a las palabras "en El" sino también a "justicia de Dios". Cristo no se hizo pecado por nosotros con el fin de hacernos justos y para que así dejásemos de ser pecadores. El se hizo pecado con el fin de que llegásemos a ser justicia de Dios en El. Ese fue el propósito de Dios, y cada creyente ha llegado a ser justicia de Dios. La justicia de Dios nos salvó. Dios hizo al Señor Jesús pecado y ya que Dios lo juzgó a El, nosotros fuimos juzgados y el pecado también. Por lo tanto, Dios nos considera justos, mas no porque seamos justos. El que Dios nos considere justos es simplemente un asunto objetivo. Si alguien dice: "Me parece que usted no es muy bueno", esto es cierto. Nosotros no somos hecho justos en El sino que hemos llegado a ser justicia de Dios en El. Esto prueba que es la justicia de Dios la que nos salva. Si entendemos este punto, los problemas que encontremos en nuestra vida diaria disminuirán. Crucificar al Señor equivale a crucificar el pecado. Dios condenó el pecado allí y solucionó el problema del pecado; por lo tanto, somos libres.

Pregunta treinta y uno

LA UNION OBJETIVA
Y LA UNION SUBJETIVA

¿Cuándo nos unimos a Cristo de manera objetiva y cuándo nos unimos a El de manera subjetiva?

RESPUESTA

Fuimos unidos a Cristo de una manera objetiva en el momento en que El murió en la cruz: "Uno murió por todos, por consiguiente todos murieron" (2 Co. 5:14). Cuando El murió, llevó a toda la humanidad consigo; por lo tanto, todos los hombres murieron en El.

Fuimos unidos a Cristo de una manera subjetiva al momento de ser regenerados mediante Su resurrección. Al leer Romanos 6:3-5, 8, vemos que nuestra unión subjetiva con Cristo se produce en Su resurrección. ¿Qué significa ser bautizado? Significa ser sepultado. Cuando somos bautizados, declaramos objetivamente que hemos muerto porque sólo a los muertos los entierran. Reconocemos que nuestra muerte es un hecho, y consentimos en ser sepultados. La resurrección viene después de la sepultura y cuando nos levantemos nuevamente después de haber sido enterrados, resucitamos. En nuestra vida diaria, no buscamos la muerte sino que reconocemos que morimos en Cristo y permitimos que la vida de resurrección actúe en nosotros. Romanos 6 nos insta a consagrarnos. Muchas personas se concentran en la muerte y por eso no llegan a morir. Después de creer en el Señor, lo primero que debemos hacer no es morir, sino ser sepultados. Debemos darnos por muertos en vez de suplicar la muerte.

Debemos poner mucha atención a otro punto. Supongamos que alguien habla de la cruz y dice: "El Señor primero murió en la cruz por mí; segundo, el Señor murió en mi lugar; y tercero, el Señor murió en la cruz conmigo". ¿Es bíblico lo que él dice? Dejemos a un lado los primeros dos puntos y concentrémonos en el tercero: el Señor murió en la cruz conmigo. ¿Es esto correcto? Si escudriñamos el Nuevo Testamento no encontramos que diga que Cristo murió conmigo, pero sí dice: "Con Cristo estoy juntamente crucificado" (Gá. 2:20) y: "Por quien el mundo me es crucificado a mí, y yo al mundo" (6:14). Al leer estos dos versículos nos damos cuenta de que fuimos nosotros los que morimos con Cristo y no Él con nosotros. Esto indica que nuestra unión con Cristo en Su muerte es objetiva, pues ésta se cumplió una sola vez y para siempre. Nosotros morimos en su muerte, y decir que Cristo murió con nosotros sería cambiar el aspecto objetivo por el subjetivo e indicaría que Cristo tiene que ofrecerse varias veces. Es como decir que hoy Cristo muere por el señor Chang y mañana por el señor Yu y si millares de personas creen en Él, Él necesita morir millares de veces. Debemos recordar que la Biblia expresa la verdad: nosotros morimos con Cristo, y no a la inversa. No piensen que invertir el orden es un asunto insignificante, porque al hacerlo, la verdad dejará de ser la verdad. La Palabra del Señor no se debe tergiversar ni cambiar.

Pregunta treinta y dos

NUESTRA POSICION EN CRISTO

¿Por qué dice la Biblia que estamos "en el Señor", "en Cristo" y "en Cristo Jesús", pero nunca "en Jesús" ni "en Jesucristo"?

RESPUESTA

Aunque algunas traducciones de la Biblia dicen en 1 Tesalonicenses 4:14: "Así también traerá Dios con Jesús a los que durmieron en El [Jesús]", se debe traducir según el griego: "Así también traerá Dios con Jesús a los que durmieron por medio de El". No hay un solo lugar en la Biblia que mencione *en Jesús* o *en Jesucristo*. Lo que hallamos es "en el Señor", "en Cristo" o "en Cristo Jesús". Este asunto tiene una estrecha relación con la redención y con nosotros.

El nombre que el Señor recibió al nacer fue *Jesús* y es Su nombre humilde como hombre; *Cristo* es el nombre que El recibió cuando fue ungido por Dios después de Su resurrección (Hch. 2:36) y es Su nombre en la gloria.

Jesucristo significa que el sencillo hombre Jesús es Aquel que fue hecho el Cristo, mientras que *Cristo Jesús* significa que Aquel que ahora es el Cristo era Jesús.

La Biblia no usa la expresión *en Jesús* ni *en Jesucristo*, porque no estamos unidos con el Señor en Su vida terrenal, ni tenemos unión alguna con El como Hijo del Hombre. Jesús es Su nombre como el Hijo del Hombre, y como tal está por encima de todo hombre. Sus virtudes y belleza pertenecen a Su ser como Hijo del Hombre. Pero nosotros no estamos unidos con El en esa vida. La Biblia nunca dice que participamos de Sus sufrimientos en la tierra. *Jesús* significa Salvador.

Nosotros no estamos unidos con Jesús porque no participamos en Su obra salvadora.

"En el Señor", "en Cristo" y "en Cristo Jesús" se refieren a que Cristo resucitó de entre los muertos y Dios le ha hecho Señor y Cristo, y ya que participamos de Su resurrección, participamos de Cristo mismo; Dios nos ha puesto en Su resurrección y nuestra experiencia subjetiva se encuentra en Su resurrección.

Jesús es un nombre individual mientras que *Cristo* es tanto individual como corporativo. "Porque así como el cuerpo es uno, y tiene muchos miembros, pero todos los miembros del cuerpo, siendo muchos, son un solo cuerpo, así también el Cristo" (1 Co. 12:12). Este versículo no habla de Cristo y la iglesia sino solamente de "Cristo", pues tanto la Cabeza como el Cuerpo son Cristo. Este es el Cristo corporativo. En la Biblia encontramos el calificativo de "cristiano", mas no el de "jesuita", pues *cristiano* significa hombre de Cristo, o sea que un cristiano es parte de Cristo. Por lo tanto, se le llama cristiano, no "jesuita". Sólo existen hombres de Cristo, no hombres de Jesús. *Jesús* es el nombre que se refiere a su experiencia en la tierra como Hijo del Hombre. La suya fue una vida de milagros y está fuera del alcance del hombre. Somos hombres de Cristo. La Cabeza de este cuerpo es Cristo, y el Cuerpo mismo también es Cristo. Si nos damos cuenta del significado de la palabra *Cristo*, veremos cuán profundamente unidos estamos a El. Si una persona perdiese un dedo, quedaría con un defecto físico; y si un cristiano perece, entonces Cristo tendría un defecto. Pero alabamos y agradecemos a Dios porque Cristo no tiene ningún defecto. Una vez que estamos en Cristo, estamos en El para siempre. "Para santificarla, purificándola por el lavamiento del agua en la palabra, a fin de presentársela a Sí mismo, una iglesia gloriosa, que no tuviese mancha ni arruga ni cosa semejante, sino que fuese santa y sin defecto" (Ef. 5:26-27).

El nombre *Jesús* se relaciona con Su experiencia como Salvador, por esta razón cuando la Biblia habla de El como hombre, usa el nombre de *Jesús* pero nunca *Cristo*; sin embargo, después de Su resurrección, es llamado *Cristo* o *el Señor* para hacer énfasis en Su resurrección y en Su autoridad. Aunque en el libro de Hechos y en las epístolas se le llama *Jesús* en varias ocasiones, éstas aluden a Su humanidad; por lo tanto, cuando nos dirijamos a El, no le debemos llamar simplemente "Jesús" sino "Señor Jesús".

Pregunta treinta y tres

EL MOMENTO DE NUESTRA CRUCIFIXION

¿En qué momento fuimos crucificados con Cristo? ¿Fue entre el instante en que fue clavado en la cruz y el momento en que expiró, o fue en el preciso momento en que El expiró?

RESPUESTA

Si entendimos la pregunta treinta y dos, podemos concluir que fuimos crucificados con Cristo en el momento en que El expiró. Antes de morir, El estaba llevando a cabo la obra de redención, que incluye llevar nuestros pecados y morir por nosotros. Si hubiéramos sido crucificados con El en ese momento, habríamos participado en Su obra redentora y seríamos salvadores, lo cual no es cierto, y afirmar semejante cosa sería un error garrafal.

Algunos dicen que debido a que el Señor estuvo en la cruz seis horas y no murió instantáneamente, entonces también nosotros estuvimos con El en la cruz durante ese tiempo. Si tal hubiese sido el caso, nosotros habríamos ayudado a cumplir la redención. Esto es totalmente erróneo. Nosotros morimos en el momento en que Cristo expiró. El Señor fue el único que sufrió, y nosotros recibimos el beneficio de Su muerte. ¡Alabamos y agradecemos a Dios!

Pregunta treinta y cuatro

LA SANGRE Y LA CRUZ

¿Qué diferencia hay entre la importancia y la función de la sangre y la importancia y la función de la cruz? ¿Por qué la Biblia nunca dice que nosotros derramamos sangre con el Señor sino que fuimos crucificados con El?

RESPUESTA

Debido a que algunos pueden decir: "Ya que los pecados fueron eliminados delante de Dios, ¿por qué permanece el pecado dentro de nosotros?". Debemos poner mucha atención a este asunto para que no se presenten dudas.

La Biblia relata en muchos pasajes que el Señor derramó Su sangre. Muchos otros pasajes dicen que fue crucificado. ¿Tienen el mismo significado y la misma función la sangre y la cruz? ¿Son intercambiables? ¿Podemos, por ejemplo, considerar que "sin derramamiento de sangre no hay perdón" (He. 9:22) equivale a "sin crucifixión no hay remisión"? O ¿podría decirse: "Nuestro viejo hombre fue crucificado juntamente con El" (Ro. 6:6) es lo mismo que "Nuestro viejo hombre derramó su sangre juntamente con El"? Si el significado y la función de la sangre fueran las mismas que la de la cruz, se podrían intercambiar, pero si no es así, entonces su significado y su función deben de ser diferentes.

¿Cuál es el significado y la función de la sangre, y cuál es el significado y la función de la cruz?

Estudiemos primero la sangre. La Biblia la menciona por lo menos cuatrocientas veces. ¿Por qué requiere Dios la sangre? ¿Por qué Dios eliminaba a quien se acercara a Su presencia sin traer sangre? Levítico 17:11 dice: "Porque la vida de la carne en la sangre está, y yo os la he dado para hacer expiación sobre el altar por vuestras almas; y la misma sangre hará expiación de la persona". Este versículo nos muestra claramente que la finalidad de la sangre es la expiación. ¿Dónde se llevaba a cabo la expiación? Se realizaba sobre el altar; por lo tanto, la sangre se ofrece a Dios y no a nosotros y hace expiación ante El por nosotros, de tal modo que El considera eliminados nuestros pecados; sin embargo, la sangre no nos limpia interiormente de nuestro pecado.

Quizás algunos se pregunten: "¿No dice 1 Juan 1:7 que la sangre de Jesús Su Hijo nos limpia de todo pecado?" Esto es cierto, pero debemos recordar que cada vez que la Biblia menciona el lavamiento de los pecados que realiza la sangre, se refiere a ser limpios delante de Dios. La primera parte de este versículo dice: "Pero si andamos en luz, como El está en luz, tenemos comunión unos con otros" y luego añade: "Y la sangre de Jesús Su Hijo nos limpia de todo pecado". Esta limpieza tiene que ver con Dios. La función de la sangre se dirige a Dios ya que es El quien requiere la sangre. El exige que nos acerquemos a Su presencia con la sangre.

Otros podrán preguntarse: "¿No dice Hebreos 9:14 que Su sangre purifica la conciencia del hombre?". Claro que sí, pero debemos comprender que "purificar" se refiere a la purificación de la conciencia no a la purificación de nuestra naturaleza pecaminosa. La naturaleza pecaminosa jamás es purificada por la sangre. La Biblia nunca afirma que la sangre purifique nuestra naturaleza vieja ni nuestra carne. La sangre nos limpia de los pecados que tengamos delante de Dios y la sangre purifica nuestra conciencia para que entremos con libertad y confianza a la presencia de Dios. "Sin derramamiento de sangre, no hay perdón" (v. 22). Si uno trae la sangre recibe el perdón de pecados; por lo tanto, tiene paz. "Así que, hermanos, teniendo firme confianza para entrar en el Lugar Santísimo por la sangre de Jesús, entrada que El inauguró para nosotros como camino nuevo y vivo a través del velo, esto es, de Su carne" (10:19-20). La sangre es llevada al cielo, no la cruz. La Biblia dice que el Señor Jesús derramó Su sangre. Nosotros no tuvimos parte en el derramamiento de Su sangre; la sangre hace remisión por nuestros pecados y los elimina delante de Dios. Tengamos muy en claro este hecho.

Muchas personas no se sienten libres delante de Dios porque no conocen bien la función de la sangre. Piensan que la sangre quita el pecado que mora en el hombre; en consecuencia, desconocen tanto la función como la virtud de la sangre. La limpieza que se menciona en 1 Juan 1:7 no se refiere a ser limpio interiormente del pecado ni de eliminar la raíz del mismo, sino a ser limpio delante de Dios. Sólo Dios exige la sangre, y sólo la sangre del Señor Jesús puede satisfacer el deseo profundo de Dios. En consecuencia, podemos acercarnos confiadamente a El mediante la sangre. Todo pecado, sea grande o pequeño, perdonable o imperdonable, grave o leve, es borrado por la sangre delante de Dios. "Si vuestros pecados fueren como la grana, como la nieve serán emblanquecidos" (Is. 1:18). ¿Qué significa esto? Que toda cicatriz y toda huella de los pecados son borradas como si uno jamás hubiese pecado. Tal es la condición del hombre ante Dios. Aunque no hay nada bueno dentro de uno, aún así, delante de Dios los pecados han sido quitados de en medio.

Cuando leemos Números 20:2-9 y 21:4-9 vemos cuán deplorable era la condición de los hijos de Israel mientras estaban en el desierto. Pecaban y murmuraban contra Dios; aún así, hallamos en Números 23:21 lo siguiente: "No ha notado iniquidad en Jacob, ni ha visto perversidad en Israel. Jehová su Dios está con él, y júbilo de rey en él". Esto es cierto. Debemos ver que hay dos aspectos en lo que respecta al pecado: el pecado ante Dios y el pecado que está en nosotros. La sangre nos limpia de nuestros pecados ante Dios a tal grado que El no ve ninguna iniquidad en nosotros.

¿Dice acaso la Biblia que nuestra justificación se basa en la cruz? No, la justificación se realiza por medio de la sangre, la cual es presentada a Dios y le permite justificarnos. ¿Qué es la justicia? Es aquello que nos hace aptos para morar en el cielo con Dios. La sangre del Señor Jesús nos da acceso al cielo para así morar con Dios. Podemos entrar confiadamente al cielo por la sangre; Dios sabe muy bien lo valiosa que ésta es.

Leemos en Levítico 16:30: "Porque en este día se hará expiación por vosotros, y seréis limpios de todos vuestros pecados delante de Jehová". Este versículo sencillamente nos dice que nuestros pecados fueron borrados ante Dios, no que fueran quitados de nosotros. La sangre nos limpia de nuestros pecados ante Dios y limpia nuestra conciencia para que ya no nos oprima el peso del pecado ni haya barreras entre Dios y nosotros. La sangre nos libra de la acusación que viene como resultado de los pecados que hemos cometido, pero no impide que estemos conscientes de la raíz del pecado. Nuestro Señor llevó nuestros pecados ante Dios en Su muerte, y Su sangre nos limpia delante de Su presencia. La sangre expía nuestros pecados, pero no elimina nuestra naturaleza pecaminosa.

El vocablo "pecado" de la expresión "el pecado del mundo" (Jn. 1:29), y de la expresión "nos limpia de todo pecado" (1 Jn. 1:7), están en singular, y en ambos casos se refiere a resolver el problema del pecado delante de Dios. En ninguno de estos dos casos, "quita el pecado" en Juan 1:29 y "limpia" en 1 Juan 1:7, alude a quitar la raíz del pecado, pues ambos afirman que la sangre del Señor resuelve el problema de nuestros pecados. Ante Dios, nuestros pecados han sido quitados de en medio.

El significado y función de la cruz es diferente al significado y función de la sangre; la sangre es para Dios mientras que la cruz es para nosotros; la sangre resuelve el problema de nuestros pecados, la cruz resuelve el problema de nuestro viejo hombre. Dios no sólo nos ha dado la sangre la cual nos da completa libertad delante de El, sino que nos da la cruz con la cual tratamos nuestra carne y nuestro yo corruptos.

La carne llega a su fin en la cruz. Gálatas 5:24 dice: "Pero los que son de Cristo Jesús han crucificado la carne con sus pasiones y concupiscencias". ¿Dice este versículo que la sangre limpia la carne? No. La carne fue crucificada, pues limpiar la carne no sería suficiente. Supongamos que un niño vivo y una muñeca de barro se ensucian; el niño se lava y queda limpio pero por más que se lave la muñeca, nunca quedará limpia, porque es de barro por dentro y por fuera. La carne corrupta es igual que la muñeca de barro. Es tan corrupta que ni siquiera la sangre del Señor la puede lavar; por lo tanto, la única manera de resolver este problema es crucificarla.

En lo que respecta a nuestros pecados, Dios los quitó de en medio con la sangre, pero en lo concerniente a la carne, el Señor la crucificó. No podemos contar con que la cruz nos limpia de nuestro pecado ni que la sangre limpia nuestra carne. Romanos 6:6 dice: "Sabiendo esto, que nuestro viejo hombre fue crucificado juntamente con El para que el cuerpo de pecado sea anulado, a fin de que no sirvamos más al pecado como esclavos". Al ser crucificados con El, el cuerpo de pecado es anulado, lo cual, en el griego, significa "inútil", según aparece en Lucas 13:7. En consecuencia, el cuerpo de pecado no es eliminado, sino inutilizado. La palabra *anulado* también puede traducirse "desempleado". Cuando Dios crucificó el hombre viejo, el cuerpo que antes estaba sujeto al pecado quedó inutilizado. Ya no es esclavo del pecado y se ha quedado sin empleo. Los creyentes no deberían pecar, pero pueden obtener la victoria por lo que dice la Palabra de Dios, no según nuestros conceptos. No es necesario suplicar a Dios que nos santifique; lo que debemos hacer es agradecerle por habernos crucificado. Tenemos que creer que Dios ya hizo esta obra, no que la hará más adelante. Las promesas se obtienen por medio de la oración, pero los hechos se obtienen por la fe. El hombre viejo fue crucificado juntamente con el Señor, y éste es un hecho cumplido en el cual creemos. Si creemos esto, ninguna tentación podrá tocarnos. Así que, la única manera de obtener la victoria es permanecer en el Señor por fe y ser uno con El en este hecho cumplido. Si nos salimos de este terreno, detendremos nuestro crecimiento.

En Gálatas 2:20 leemos: "Con Cristo estoy juntamente crucificado". Este versículo no dice que uno haya derramado su sangre juntamente con Cristo, sino que dice que el maligno yo ha sido crucificado juntamente con El. Necesitamos entender que la sangre quita el pecado, mientras que la cruz pone fin a la carne. La sangre nos da la seguridad del perdón y cancela la cuenta de los pecados, y la cruz nos pone en libertad y nos libera del poder del pecado. La sangre está relacionada con la salvación, pues resuelve el problema de nuestros pecados, y la cruz con la victoria, ya que resuelve el problema de nuestra persona. Así como creemos en la sangre, debemos creer en la cruz. Cuán maravilloso es experimentar esto en la práctica.

En Romanos 6:11 dice: "Así también vosotros, consideraos muertos al pecado, pero vivos para Dios en Cristo Jesús". Y el versículo 13 dice: "Ni tampoco presentéis vuestros miembros al pecado como armas de injusticia, sino presentaos vosotros mismos a Dios como vivos de entre los muertos, y vuestros miembros a Dios como armas de justicia". Lo único que debemos hacer ahora es: (1) estar firmes cada día en lo que nos presenta el versículo 11; creer que estamos muertos y que el cuerpo de pecado ha sido inutilizado; y (2) presentar a Dios nuestros miembros como armas de justicia. Si nos presentamos de una manera impropia, detendremos el progreso. Si no hacemos lo que Dios requiere, caeremos. Por una parte, debemos creer, y por otra, obedecer. Si creemos en lo que Dios realizó y obedecemos a Sus exigencias, espontáneamente tendremos la victoria.

Pregunta treinta y cinco

LA FE Y LA CONDENACION

La Biblia dice que el Señor Jesús murió por todos. ¿Perecerá aquel que no crea en el Señor Jesús?

RESPUESTA

"Porque el amor de Cristo nos constriñe, habiendo juzgado así; que uno murió por todos, por consiguiente todos murieron" (2 Co. 5:14). El que murió por todos es Cristo, y "todos" equivale a toda la humanidad. Debido a que la muerte del Señor Jesús se ha puesto a disposición de todos, se podría pensar que aunque una persona no crea en el Señor Jesús, de todos modos no tendrá que morir. Pero la Biblia también dice: "El que en El cree, no es condenado; pero el que no cree, ya ha sido condenado, porque no ha creído en el nombre del unigénito Hijo de Dios" (Jn. 3:18). ¿Cómo se puede explicar desde el punto de vista de la justicia y la administración de Dios?

En Mateo 20:28 dice: "Así como el Hijo del Hombre no vino para ser servido, sino para servir, y para dar Su vida en rescate por muchos". En 1 Timoteo 2:6 dice: "El cual se dio a Sí mismo en rescate por todos". ¿Cuál es la diferencia entre "muchos" y "todos" en estos dos versículos? Mateo dice que El murió "por muchos", lo cual incluye a todos los que creen. El Señor Jesús murió por los muchos que creen en El y en nombre de ellos, y en 1 Timoteo leemos que El dio Su vida en rescate por todos. El Señor Jesús murió para el beneficio de los creyentes y por ellos; pero El solamente murió por los pecadores, y no para el beneficio de ellos. La extensión de Su muerte por la humanidad tiene un límite ante Dios. Por un lado, el Señor Jesús murió para el beneficio de muchos y, por otro, Él murió por todos los hombres pero no para el beneficio de todos los hombres.

"Uno murió por todos" (2 Co. 5:14) indica que la muerte del Señor Jesucristo está disponible a todos aquellos que la soliciten. No quiere decir que el Señor murió en beneficio de todos los hombres. Cuando la Biblia se refiere a *todos* o *todos los hombres* sólo usa la expresión *por,* lo cual da a entender que la muerte del Señor Jesús está disponible a todos a fin de que toda persona tenga la oportunidad de ser salva. Pero cuando se refiere a los creyentes, usa la expresión *por* y también *en beneficio de ellos*; por lo tanto, la muerte del Señor Jesús es justa. Si Él no hubiera muerto así, no habría justicia. De modo que aquel que está en el Señor Jesucristo, reconoce la muerte del Señor como la suya propia, pero tal no es el caso para quien se encuentra fuera del Señor Jesucristo, pues tal persona solamente sabe que el Señor Jesús murió por ella. Es como si fuera una cena preparada para ellos, la cual nunca llegan a probar.

En 1 Juan 2:2 dice: "Y Él mismo es la propiciación por nuestros pecados; y no solamente por los nuestros, sino también por los de todo el mundo". Cristo es la propiciación no sólo para aquellos que creen, sino también para aquellos que no creen; tenemos que entender que la palabra "por" de este versículo no quiere decir "por el beneficio". La salvación de Dios ya está preparada, pero sólo cuando la recibimos, Él nos considera "los muchos". Cristo murió por toda la humanidad. Su muerte fue la provisión para todos los hombres, pero no beneficia a todos los hombres. Si una persona no cree en Cristo, ella perecerá. Esto es lo que corresponde al hombre ante Dios.

Pregunta treinta y seis

JUAN 1:12-13 Y APOCALIPSIS 22:17

¿Cómo podemos conciliar Juan 1:12-13 que dice que el recibir vida no depende de "voluntad de varón" con Apocalipsis 22:17, que dice que el que quiera tome del agua de la vida?

RESPUESTA

Desde tiempos antiguos, esta pregunta ha sido debatida por muchos teólogos. Una escuela afirma que la salvación depende de la voluntad del hombre, y la otra, asevera que depende exclusivamente de la voluntad de Dios. Tenemos que comprender que la verdad de Dios con frecuencia tiene dos lados, y si no tenemos cuidado, podemos perder el equilibrio ya que el hombre siempre tiende a irse a los extremos.

¿Es la salvación un asunto de la voluntad del hombre o de la voluntad de Dios? En realidad, incluye ambas, ya que sin la voluntad de Dios nadie es salvo, pero si el hombre no desea ser salvo, Dios no puede hacer nada aunque tal sea Su voluntad. Por consiguiente, vemos que Dios no sólo debe estar dispuesto, sino que el hombre también debe estarlo. El Señor Jesús dijo: "¡Cuántas veces quise juntar a tus hijos, como la gallina a sus polluelos debajo de sus alas, y no quisiste!" (Lc. 13:34). Estos son los dos lados de la verdad de Dios; se necesitan ambas voluntades porque con una sola, no puede llevarse a cabo la salvación. Si deseamos conocer la verdad, no podemos conformarnos con un solo lado de la misma. Cuando Satanás tentó al Señor, le dijo: "Escrito está", pero el Señor le replicó: "Escrito está también". No hay ninguna duda de que aquello estaba escrito, pero debemos poner mucha atención a lo que "está escrito también". Valerse de uno o varios versículos para demostrar un lado de la verdad no es suficiente; debemos tener presente que hay muchos versículos que sustentan el otro lado de la misma verdad; por ejemplo, cuando una persona es salva, lo es eternamente. Este es un lado de la verdad; también es cierto que los creyentes que pequen después de ser salvos serán castigados si no se arrepienten, y aunque no sufrirán la muerte segunda, la Biblia dice que sí sufrirán *el daño* de la misma. Esto también es la verdad.

Algunos se han preguntado que por qué la Biblia dice, por un lado, que quien lo desee, tome del agua de la vida gratuitamente y que quien crea en el Señor Jesús no perecerá sino que tendrá vida eterna, y por otro lado, dice que la salvación la reciben los que son predestinados por Dios. Alguien respondió este interrogante con un buen ejemplo, diciendo que la expresión "todo aquel que quiera" está escrita sobre la puerta del cielo, lo cual indica que todo el que desee puede entrar; pero cuando la persona entra, al tornar la mirada puede ver sobre la puerta la frase "fuiste predestinado". Este ejemplo presenta los dos aspectos de la verdad de Dios, y nuestra experiencia lo puede confirmar. Cuando yo vine al Señor, lo único que hice fue creer; pero al mirar atrás, me preguntaba por qué era salvo mientras que otros que eran más buenos que yo no lo eran. No sabía muy bien lo que me había sucedido; lo único que podía decir era que Dios había predestinado mi salvación.

Independientemente de lo que uno sea, si cree, es salvo; pero éste es un mensaje para los incrédulos. El mensaje que Dios tiene para los creyentes es elección y predestinación. Es un error garrafal dirigir a los incrédulos lo que corresponde a los creyentes. El Señor dijo a los discípulos: "No me elegisteis vosotros a Mí, sino que Yo os elegí a vosotros" (Jn. 15:16). Esto no es para los incrédulos.

En una ocasión un estudiante de teología le preguntó a un siervo de Dios: "La Biblia dice que Dios predestinó al hombre para que fuese salvo, pero cuando predico, a veces miro los rostros de las personas y me pregunto: ¿Si Dios no ha predestinado a esta persona, está bien que yo siga insistiéndole para que sea salva?" El siervo de Dios le contestó: "Sigue predicando. Si logras persuadirla de que sea salva, habrá sido predestinada por Dios".

Debemos comprender que Dios les dice a los creyentes que

la salvación fue predestinada para ellos a fin de que tengan un corazón agradecido. Cuando uno es salvo y entiende esto, aunque vea que todavía hay muchos incrédulos, sólo puede agradecer a Dios por escogerlo de entre millones de personas. ¡Aleluya! No soy salvo por mis propios méritos, sino porque Dios me salvó. No me queda más que agradecerle.

El versículo 17 de Apocalipsis 22 se dirige a los incrédulos, y los versículos 12 y 13 de Juan 1, a los creyentes. Nuestra salvación es obra de Dios, no nuestra. Así hallamos el equilibrio que tiene la verdad.

Pregunta treinta y siete

LUCAS 10:25-37

¿Se indica en Lucas 10:25-37 que una persona hereda la vida eterna al amar al Señor Su Dios con todo su corazón, con toda su alma, con todas sus fuerzas y con toda su mente y a su prójimo como a sí misma? Si es así, ¿no se necesitan, entonces, las obras para obtener la vida eterna?

RESPUESTA

La Biblia dice que heredar la vida depende de la fe, no de nuestras obras. El Nuevo Testamento usa el verbo *creer* más de quinientas veces. Cuando creemos, recibimos vida eterna, obtenemos la salvación y somos justificados, entre otras cosas. En Lucas 10, un intérprete de la ley preguntó: "¿Maestro, haciendo qué cosa heredaré la vida eterna?" Y el Señor le dijo: "¿Qué está escrito en la ley? ¿Cómo lees?" El intérprete de la ley contestó: "Amarás al Señor tu Dios con todo tu corazón, y con toda tu alma, y con todas tus fuerzas, y con toda tu mente; y a tu prójimo como a ti mismo". El Señor le respondió: "Bien has respondido; haz esto, y tendrás vida". La ley nos enseña dos cosas: amar a Dios y amar al prójimo. Ya que éstas son obras, ¿no se necesitan entonces las obras para obtener la vida eterna? Si el pasaje terminara en el versículo 28, sería muy difícil explicar cómo se hereda la vida eterna, pero alabamos al Señor y le damos gracias porque el pasaje continúa hasta el versículo 37.

El intérprete de la ley dijo: "¿Y quién es mi prójimo?" Al responder de esta manera, dio a entender que conocía a Dios, pero que no sabía quién era su prójimo. Entonces el Señor le habló de un hombre que descendía a Jericó, y cayó en manos de ladrones. Un sacerdote que descendía por aquel camino, lo vio pero no le ayudó; luego, un levita pasó por allí, y tampoco le salvó. Pero cierto samaritano lo salvó grandemente. En el versículo 36, el Señor preguntó al intérprete de la ley: "¿Quién, pues, de estos tres te parece que se hizo el prójimo del que cayó en manos de los ladrones?" Recordemos la pregunta del intérprete de la ley en el versículo 29: "¿Y quién es mi prójimo?" El Señor le contesta en el versículo 36: "¿Quién, pues, de estos tres te parece que se hizo el prójimo del que cayó en manos de los ladrones?" Lo que el Señor da a entender con esta pregunta es: "Tú eres el que cayó en manos de los ladrones; así que ¿cuál de éstos es tu prójimo?" A lo cual replicó: "El que usó de misericordia con él". El Señor le dijo entonces: "Ve, y haz tú lo mismo". Este pasaje nos muestra que el Señor no le dijo que fuera un buen samaritano sino que tuviera presente que su prójimo era un buen samaritano; es decir, fue el samaritano quien le salvó, y más explícitamente, fue su Salvador.

El que cayó en manos de los ladrones era un pecador pero ni el sacerdote, ni el levita le salvaron; solamente el buen samaritano se dignó ayudarle. El prójimo del pecador es aquel que lo salva; por lo tanto, amar al prójimo equivale a amar al Salvador. Obtener la vida eterna depende del Salvador, no de nuestros intentos por salvarnos. Muchos, erróneamente, piensan que este pasaje es una enseñanza acerca de tratar bien a los demás. El Señor nunca dijo que tenemos que ayudar y salvar a aquel que cayó en manos de los ladrones, ya que fuimos nosotros quienes caímos en las manos de los ladrones. Consecuentemente, el buen samaritano, el que nos salvó, es nuestro prójimo, y nosotros debemos amarlo. Nosotros somos aquel que cayó en manos de los ladrones. Aquel que no conocíamos, vino a salvarnos. El intérprete de la ley preguntó quién era su prójimo, y el Señor le contestó que como él había caído en manos de los ladrones, su prójimo era Aquel que lo había salvado.

No amamos al Señor con el fin de obtener vida eterna, sino que lo amamos porque ya la tenemos. Primero se establece una relación de semejantes, y luego viene el afecto. En este pasaje encontramos lo siguiente: (1) el hombre ha caído, (2) el hombre no puede salvarse por sus propios medios, (3) el Salvador viene a él y (4) si recibimos esta salvación, seremos salvos y amaremos a nuestro Salvador. El error de muchos es que quieren ser los que ayudan y salvan a los demás y pasan por alto la gracia del evangelio. Tengamos presente que el Señor desea que amemos al buen samaritano, quien es El mismo.

Pregunta treinta y ocho

LUCAS 16

Lucas 16 relata la historia del hombre rico y Lázaro. ¿Pereció el rico por haber disfrutado las riquezas durante su vida? ¿Se salvó Lázaro por haber sufrido tanto durante su vida? ¿Existen otras razones?

RESPUESTA

Algunos creen que el rico pereció por haber disfrutado de tanta opulencia durante su vida, y que Lázaro se salvó por haber sufrido tanto durante su vida. Basan este argumento en lo que Abraham le dijo al rico (Lc. 16:25); pero, ¿es éste en realidad el caso? En el versículo 25 Abraham le dijo al rico que recordara lo que había recibido antes de su muerte, y luego, en el versículo 29, le habla sobre la condenación y la salvación diciendo: "A Moisés y a los profetas tienen; óiganlos". Así que podemos notar que el rico se perdió porque no obedeció las palabras de Moisés ni las de los profetas, mientras que Lázaro se salvó porque prestó mucha atención a las palabras de Moisés y los profetas.

¿Cuáles son las palabras de Moisés y de los profetas? Después de que Jesús resucitó, cuando iba en camino a Emaús con dos discípulos, "comenzando desde Moisés, y siguiendo por todos los profetas, les explicaba claramente en todas las Escrituras lo referente a Él" (Lc. 24:27). En los versículos 44-46 leemos: "Y les dijo: Estas son Mis palabras, las cuales os hablé, estando aún con vosotros: que era necesario que se cumpliese todo lo que está escrito de Mí en la ley de Moisés, en los profetas y en los salmos. Entonces les abrió el entendimiento, para que comprendiesen las Escrituras; y les dijo: Así está escrito que el Cristo padeciese y resucitase de los muertos al tercer día". Las palabras de Moisés y los profetas eran las mismas palabras de Jesús, es decir, el rico pereció porque rechazó al Salvador, el cual murió y resucitó por él, y Lázaro se salvó porque recibió al Señor, quien murió y resucitó por él.

Dios nos dio la Biblia, y puesto que podemos creer en las Escrituras, El no va a enviar a nadie de entre los muertos a predicar el evangelio. Dios se esconde maravillosamente, a tal grado que el hombre piensa que no existe. Aunque el hombre comete pecado y es perverso, Dios no le castiga hiriéndole a muerte con truenos y relámpagos. Inclusive si el hombre blasfema contra Dios, no recibe un castigo repentino. Dios no forma palabras con las estrellas del cielo para recriminar al hombre explícitamente por haber pecado, a fin de demostrarle Su existencia. El no usa métodos espectaculares para expresarse, pues desea simplemente que el hombre crea en Su palabra.

"Mas Abraham le dijo: Si no oyen a Moisés y a los profetas, tampoco se persuadirán aunque alguno se levante de los muertos" (Lc. 16:31). Esta es una revelación de Dios, la que nos muestra que si las personas no creen en las palabras de Moisés y de los profetas, será inútil que alguno se levante de los muertos. Por lo tanto, si las personas no aceptan el testimonio de la Biblia, tampoco creerán aunque alguno se levante de los muertos.

Pregunta treinta y nueve
ROMANOS 4 Y JACOBO 2

En Romanos 4 dice que Abraham fue justificado por la fe, y en Jacobo 2 dice que fue justificado por las obras. ¿Cómo podemos explicar estas dos clases de justificación? ¿Cómo se relacionan entre sí?

RESPUESTA

La Escritura menciona dos clases de justificación, la justificación por la fe y la justificación por las obras. Esto lo podemos ver en los siguientes versículos:

En Hechos 13:39 dice: "Y que de todo aquello de que por la ley de Moisés no pudisteis ser justificados, en El es justificado todo aquel que cree". Y en Romanos 3:28 leemos: "Concluimos, pues, que el hombre es justificado por la fe sin las obras de la ley". En estos dos versículos Pablo nos muestra claramente que la justificación es por la fe.

En 1 Corintios 4:4 dice: "Porque no estoy consciente de nada en contra mía, pero no por eso soy justificado; pero el que me examina es el Señor". La gran diferencia que existe entre este versículo y los dos antes mencionados, es que lo dicho aquí, también por Pablo, se refiere al galardón que se obtendrá ante el tribunal de Cristo. La justificación a la que alude este versículo es un galardón por las buenas obras. Pablo, por un lado, habla de la justificación por la fe y por otro lado, de la justificación por las obras.

La Biblia menciona el galardón cuando habla de la justificación por las obras, y también menciona la justificación por obras en medio de la justificación por la fe. Leamos entonces lo siguiente.

Sabemos que los libros de Romanos y Gálatas hablan sobre la justificación por la fe, mientras que el libro de Jacobo habla de la justificación por obras. Algunos podrían pensar que lo dicho por Pablo sobre la justificación por la fe no es suficiente, y que por eso, Jacobo tuvo que complementar lo que faltaba sobre la justificación por las obras. Este concepto es errado ya que los libros de Romanos y Gálatas no se habían escrito cuando Jacobo escribió su epístola.

El apóstol Pablo habla en Romanos sobre la justificación por fe ya que el temía que no se supiera lo que Dios había hecho, lo que Cristo había llevado a cabo y cuán eficaz y preciosa era la sangre. El temía que se pensara que creer no era suficiente y que era necesario hacer obras para ser salvo; por eso mencionó a Abraham para mostrar que la justificación se recibe por la fe; Jacobo, por su parte, menciona el caso de Abraham para hablar sobre la justificación por obras. Por consiguiente, podemos ver una estrecha relación entre la justificación por la fe y la justificación por las obras. En realidad, ambas son una sola experiencia. Estos dos pasajes no se contradicen; pero es necesario examinar la relación que hay entre ellos.

Empecemos con Romanos 4.

En los versículos 2 y 3 dice: "Porque si Abraham fue justificado por las obras, tiene de qué gloriarse, pero no para con Dios. Porque ¿qué dice la Escritura? Creyó Abraham a Dios, y le fue contado por justicia". Los versículos 9 y 10 dicen: "¿Es, pues, esta bienaventuranza solamente para los de la circuncisión, o también para los de la incircuncisión? Porque decimos: A Abraham le fue contada la fe por justicia. ¿Cómo, pues, le fue contada? ¿Estando en la circuncisión, o en la incircuncisión? No en la circuncisión, sino en la incircuncisión". En este pasaje vemos que antes de la circuncisión de Abraham, ya había sido justificado por la fe. Para los judíos la circuncisión era el acto más importante y consideraban a los incircuncisos gentiles como cerdos y perros; sin embargo, antes de que Abraham fuese circuncidado, ya había sido justificado por la fe.

El versículo 11 dice: "Y recibió la señal de la circuncisión, sello de la justicia de la fe que tuvo estando aún incircunciso; para que fuese padre de todos los creyentes no circuncidados, a fin de que también a ellos la fe les sea contada por justicia". La circuncisión es como un sello que Dios pone e indica que se es justificado por la fe y que nada puede cambiar este hecho. Dios no requirió que Abraham fuera circuncidado a fin de justificarlo por medio de ese acto, sino porque ya le había puesto un sello que indicaba que nada podría cambiar su justificación por fe. Si Abraham no hubiese ofrecido a Isaac más adelante, aún así seguiría siendo justificado por la fe. En consecuencia, podemos tener la certeza de que una vez que somos justificados por la fe, estamos verdaderamente justificados.

El versículo 12 dice: Y padre de la circuncisión, para los que no sólo son de la circuncisión, sino que también siguen las pisadas de la fe que tuvo nuestro padre Abraham cuando era incircunciso". Esto nos muestra que se requiere fe para ser circuncidado puesto que Abraham fue justificado por la fe antes de ser circuncidado.

El libro de Romanos demuestra que un pecador no puede ser justificado por las obras de la ley. En Gálatas se deja en claro que el pecador no puede ser santificado por las obras de la ley. Ya fuimos justificados y santificados por fe. Puesto que empezamos por el Espíritu, ¿cómo podríamos ser perfeccionados por la carne? De todas formas, el sello ha sido puesto y aquellos que pertenecen a la fe son bendecidos junto con el creyente Abraham.

Examinemos ahora Jacobo 2:

El versículo 14 dice: "Hermanos míos, ¿de qué aprovechará si alguno dice que tiene fe, y no tiene obras? ¿Podrá la fe salvarle?" ¿Qué quiso decir Jacobo? El habló así porque algunos afirmaban tener fe, pero no obras; y si él no los detenía, la iglesia habría sido afectada seriamente. La fe se tiene ante Dios, y no se debe usar para jactarse ante los hombres. La fe va acompañada por las obras; así que si alguien asevera tener fe y carece de obras, esa clase de fe no le puede salvar. La palabra *salvar* tiene varios significados en las Escrituras. Por ejemplo, Pablo dijo: "Porque sé que por vuestra petición y la abundante suministración del Espíritu de Jesucristo, esto resultará en mi salvación" (Fil. 1:19) ¿Acaso Pablo no era salvo? En este versículo la palabra *salvación* no se refiere a heredar la vida eterna, sino a la liberación de la cárcel. En 2 Corintios 1:10 Pablo dijo: "El cual nos libró de tan gran muerte, y nos librará; y en quien esperamos que aún nos librará". Algunos creen que este versículo indica (1) que la muerte del Señor en la cruz nos libra del castigo por nuestros pecados pasados, (2) que Cristo es nuestro Mediador en el cielo, y como tal nos libra de la autoridad del pecado ahora, y (3) que Su próxima venida salvará nuestro cuerpo. Pablo no se refería a esto; la salvación de la cual hablaba se relaciona con ser librados de las aflicciones del cuerpo, y al leer el contexto, vemos que, en realidad, Pablo y los demás padecieron mucho, al grado de perder las esperanzas de sobrevivir, como les sucedió mientras se encontraban en Asia. Pero el Señor los libró de esa situación. Pablo creyó que el Señor los libraría de su aflicción presente y futura; mientras que la palabra *salvar* usada por Jacobo significa el provecho de otros en su entorno. Esto se muestra de una manera más clara en los siguientes versículos.

En Jacobo 2:15 y 16 hallamos lo siguiente: "Y si un hermano o una hermana no tienen ropa, y carecen del sustento diario, y alguno de vosotros les dice: Id en paz, calentaos y saciaos, pero no les dais las cosas que son necesarias para el cuerpo, ¿de qué aprovecha?". La expresión "alguno de vosotros" de estos versículos se refiere a aquel que se ufana de tener fe, pero no ayuda a los hermanos o hermanas necesitados con alimento y vestido. El simplemente les dijo: "Id en paz". La salvación a la que aluden estos versículos no se relaciona con ir al cielo en el futuro; tiene relación con ser abrigado y alimentado físicamente en esta era. Por eso Jacobo fue explícito al decir que no es suficiente creer y hablar sin proveer para las necesidades de los santos.

En el versículo 17 dice: "Así también la fe, si no tiene obras, es muerta en sí misma". Esta conclusión fue deducida por Jacobo, quien indica que si uno cree que los hermanos y las hermanas serán abastecidos de alimento y ropa sin proporcionarles nada, esta clase de fe, sin obras, es una fe muerta. Tener una fe viva consiste en creer con el corazón que el Dios amoroso no permitirá que a los hermanos y a las hermanas les falte alimento o ropa, al mismo tiempo, por la misma fe proveerlos de lo necesario para suplir sus necesidades.

Leemos en el versículo 18: "Pero alguno dirá: Tú tienes fe, y yo tengo obras. Muéstrame tu fe sin tus obras, y yo te mostraré mi fe por mis obras". Siempre hay alguien que refuta a aquellos que se ufanan de tener fe y les preguntan: "Puesto que usted afirma tener fe, ¿cómo la podría expresar? Usted puede hablar mucho, pero en medio de las dificultades no se atreve a sacrificar ni siquiera un poco para ayudar a los demás. ¿Dónde está su fe? Usted quiere que los demás piensen que cree, pero en realidad carece de fe. Si la tuviera, lo daría todo a los santos necesitados. Ellos carecen de ropa y no tienen nada qué comer ni beber; ni siquiera tienen para comer hoy. Usted, por lo menos, tiene abrigo y alimento, ¿por qué no les da a ellos todo lo que tiene? Dice que tiene fe, pero ¿qué puede hacer para demostrarlo? La fe de la cual usted habla es una fe vacía; su fe está muerta y no le sirve de nada a los que la necesitan. Pero yo tengo obras; yo doy a los hermanos y las hermanas las cosas que necesitan. Yo tengo fe que no nos faltará ni alimento ni abrigo. Así que, como nuestros hermanos y nuestras hermanas necesitan, yo les doy. Mis obras concuerdan con mi fe y son la evidencia de mi fe; con ellas yo le demuestro mi fe. Aunque usted diga que tiene fe, ¿dónde está la evidencia de su fe? ¿Cómo puede demostrar que tiene fe?"

En el versículo 19 hallamos: "Tú crees que Dios es uno; bien haces. También los demonios creen, y tiemblan". Los israelitas creen que hay un solo Dios, lo cual es muy bueno, pero el diablo también cree que hay un Dios y sin embargo, sigue siendo el diablo. Jacobo da a entender que la fe sin obras es como el diablo, que, aunque cree en Dios, sigue siendo el diablo.

Encontramos lo siguiente en el versículo 20: "¿Mas quieres saber, hombre vano, que la fe sin obras es inútil?" *Hombre vano* es una alusión a aquellos que aseveran gratuitamente tener fe. Podemos decir que esta clase de persona realmente no tiene fe. Aquellos que abastecen a los demás de una manera práctica pueden demostrar su fe por sus obras; así que primero viene la fe, y luego las obras. La fe auténtica debe ir acompañada de obras genuinas. Aquel que afirma vanamente tener fe pero no tiene obras, muestra una fe muerta y que su corazón no es apropiado, y su fe tampoco lo es.

En el versículo 21 dice: "¿No fue justificado por las obras Abraham nuestro padre, cuando ofreció a su hijo Isaac sobre el altar?" Si Jacobo no hubiera mencionado este evento de la vida de Abraham, uno podría haber pensado, después de haber leído los libros de Romanos y Gálatas, que estaba equivocado. Pablo habló sobre la justificación por la fe; de modo que se podría pensar que bastaba con creer y que, por ende, no era necesario hacer obras. Jacobo indica que Abraham indudablemente fue justificado por la fe, pero aún así, también había sido justificado por las obras. Jacobo no niega que la justificación de Abraham se haya realizado por la fe; al contrario, refuerza esta idea al afirmar que la justificación por las obras demuestra la validez de la fe. El ofrecimiento de Isaac sobre el altar fue una obra que Abraham hizo, y esta obra fue reconocida como la justicia de Abraham. ¿Qué clase de obra fue ésta? Fue una acción motivada por la fe. "Por la fe Abraham, cuando fue probado, ofreció a Isaac; en efecto, el que había recibido con alegría las promesas ofrecía su unigénito, aquel de quien había sido dicho: 'En Isaac te será llamada descendencia'; pensando que Dios es poderoso para levantar aun de entre los muertos, de donde, en sentido figurado, también le volvió a recibir" (He. 11:17-19). Jacobo menciona el sacrificio de Isaac para indicar que la fe también tiene obras. Abraham recibió con alegría las promesas de Dios. Creyó lo que Dios le había dicho que en Isaac tendría descendencia (v. 18), no en Eliezer ni en Ismael. Aun si Sara hubiera tenido otro hijo, éste no sería el indicado, pues Isaac solo habría de ser el heredero de las promesas. Dios puso a prueba a Abraham para ver si su corazón estaba inclinado sólo a El y para ver qué tan real era su fe. Dios le dijo que ofreciera en sacrificio a Isaac, el heredero, sobre el altar, en el cual sería consumido. Si Abraham en su sincero amor por Dios, dispuesto a ofrecerlo todo, hubiese inmolado a Isaac, ¿cómo habría podido llevarse a cabo la promesa? Si él quería que la promesa de Dios se cumpliera, no podía obrar de acuerdo con la exigencia que Dios hacía. Según el criterio humano, estas dos opciones se contradicen y no pueden conciliarse, pero con una fe viva y verdadera, no hay contradicción. Dios hizo una promesa y requería la ofrenda. Dios no se contradice, pues ya entre el cumplimiento de la promesa y la ofrenda de Isaac, hay un puente: la resurrección. Abraham obedeció "pensando que Dios es poderoso para levantar aun de entre los muertos". Su fe decía: "Aunque tenga que sacrificar a Isaac y ofrecerlo como un holocausto, seguiré creyendo que se llevará a cabo la promesa que me hiciste, que en Isaac tendría descendencia, porque Tú puedes levantar a Isaac de entre los muertos". Habiendo tomado esta decisión, ofreció a Isaac, lo ató al altar y tomó el cuchillo, dispuesto a sacrificarle. Su corazón era incondicional ante Dios, y no tenía reserva alguna; su corazón estaba firme y libre de dudas. Entonces el ángel del Señor le llamó y le dijo: "No extiendas tu mano sobre el muchacho, ni le hagas nada". En ese momento "en sentido figurado, también lo volvió a recibir". La disposición de Abraham en cuanto a ofrecer su hijo unigénito fue un acto de fe. En esto consiste la justificación por las obras.

En Jacobo 2:22 leemos: "Ya ves que la fe actuó juntamente con sus obras, y que la fe se perfeccionó por las obras". La expresión "ya ves" indica que este versículo es una continuación del versículo anterior. El sacrificio que Abraham hizo en el altar lo justifica por las obras; en consecuencia, podemos ver que la fe va paralela a las obras; en otras palabras, la fe y las obras operan juntamente; la acción que Abraham llevó a cabo procedía de la fe, la cual, a su vez, se perfeccionó por las obras. No se puede depender de una fe que no ha sido probada, pero al ofrecer Abraham a Isaac, su fe fue probada y perfeccionada.

En el versículo 23 dice: "Y se cumplió la Escritura que dice: 'Abraham creyó a Dios, y le fue contado por justicia', y fue llamado amigo de Dios". Abraham creyó a Dios, y su fe le fue contada como justicia. Hallamos esto en Génesis 15. Dice Jacobo que el sacrificio de Isaac constituyó la justificación por las obras, pero en Génesis 15 el se refiere a la justificación por la fe. ¿Cuál es entonces la relación entre Génesis 15 y la ofrenda de Isaac en Génesis 22? Jacobo dice: "Y se cumplió la Escritura que dice: Abraham creyó a Dios, y le fue contado por justicia". La justificación por las obras se cumple mediante la justificación por la fe; es como decir que la justificación por la fe es una profecía y la justificación por las obras es el cumplimiento de la misma. El que tiene fe, debe tener obras porque ellas demuestran la realidad de la fe. Abraham creyó en Dios, y Dios lo consideró justo y le llamó amigo Suyo; por consiguiente, Abraham ofreció a Isaac y al hacerlo, su acción vino a ser el cumplimiento de su fe en Dios. En otras palabras, la ofrenda de Abraham demostró su fe.

En Jacobo 2:24 dice: "Vosotros veis, pues, que el hombre es justificado por las obras, y no solamente por la fe". Una persona no es justificada sólo por la fe sino también por las obras debido a que Génesis 22 es el cumplimiento de Génesis 15. Así que las obras son la evidencia de la fe, pues la fe sin obras es muerta y se perfecciona por las obras. Debemos ver que Jacobo no dice que el hombre es justificado por las obras y no por la fe; más bien, el hombre es justificado por las obras y no sólo por la fe. Jacobo da a entender que después de ser justificados por la fe, necesitamos demostrar y perfeccionar lo que recibimos demostrándolo por las obras, de la misma manera que Abraham fue justificado por la fe, y luego por las obras mediante la prueba que le impuso Dios.

El versículo 25 dice: "Asimismo también Rahab la ramera, ¿no fue justificada por obras por recibir a los mensajeros y enviarlos por otro camino?" Jacobo primero cita a Abraham, una persona destacada, quien no sólo fue justificado por la fe sino también por obras; y luego alude a una Rahab, una ramera, quien fue justificada por obras al recibir a los mensajeros y enviarlos por otro camino. ¿Qué clase de obra es ésta? Hebreos 11:31 nos dice: "Por la fe Rahab la ramera no pereció juntamente con los desobedientes, habiendo recibido a los espías en paz"; esta es una obra de fe, puesto que la fe y las obras siempre van unidas, son dos aspectos de una sola cosa. Lo que se llama fe en Hebreos se llama obras en Jacobo, ya que las obras son la evidencia de la fe, y la fe es el origen de las obras. Si una persona dice tener fe y no muestra las obras de la fe, esta fe está muerta. Por lo tanto, donde se presenta justificación por fe, debe existir la justificación por obras.

En Jacobo 2:26 dice: "Porque como el cuerpo sin espíritu está muerto, así también la fe sin obras está muerta". Del versículo 14 en adelante, el tema es la relación entre la fe y las obras. La fe sin obras es vana, superficial y muerta, mientras que la fe que tiene obras está viva. Jacobo menciona a Abraham y a Rahab como evidencias que demuestran que las obras prueban y perfeccionan la fe. El concluye con un ejemplo: "Porque como el cuerpo sin espíritu está muerto, así también la fe sin obras está muerta". Una fe viva debe tener obras, porque la fe sin obras está muerta como lo está el cuerpo sin espíritu.

Pregunta cuarenta

LAS TRES PARÁBOLAS MENCIONADAS EN LUCAS 15

¿Por qué menciona Lucas 15 tres parábolas? ¿No es suficiente una?

RESPUESTA

En las tres parábolas presentadas en Lucas 15 se menciona algo que se ha "perdido". La primera se refiere a una oveja; la segunda, a una moneda, y la tercera a un hijo. Después de leer este capítulo, muchos se preguntarán por qué las tres parábolas tipifican al pecador, cuando con una sola habría bastado; debemos comprender que la intención de Dios no era sólo hablar sobre los perdidos sino hacer énfasis en la forma en que El se relaciona con el hombre perdido. Si el tema del Señor hubiera sido la condición del hombre perdido, habría usado una sola parábola. Pero Su enfoque fue la manera en que Dios trata al perdido, lo cual hace que las tres parábolas sean necesarias. El Dios Triuno —el Padre, el Hijo y el Espíritu Santo— tiene una obra específica sobre el perdido, y estas parábolas nos muestran claramente los tres aspectos de la acción de Dios.

¿Se podría alterar el orden de las parábolas? No. Si se pudiera, entonces se alteraría el orden del evangelio porque las tres parábolas muestran la secuencia de la obra redentora de Dios. La primera parábola nos muestra a Jesús como el buen Pastor, y en Juan 10 se nos dice que el buen pastor pone su vida por sus ovejas (v. 11). Luego aparece la parábola de la mujer que busca una moneda dentro de su casa; enciende la lámpara, barre la casa y busca cuidadosamente. El buen Pastor busca la oveja fuera de la casa dando a entender que el

Señor Jesús dejó la casa de Su Padre para venir al mundo a buscarnos. La mujer tipifica al Espíritu Santo. El Señor Jesús primero viene a efectuar la redención, y luego el Espíritu Santo nos ilumina para que podamos recibir dicha obra redentora. La Biblia revela que Dios nos da dos regalos; nos dio Su Hijo y nos dio el Espíritu Santo. Algunos predicadores cometen el error de ofrecer la mitad del evangelio, ya que sólo dicen: "Porque de tal manera amó Dios al mundo, que ha dado a Su Hijo unigénito, para que todo aquel que en Él cree, no perezca, mas tenga vida eterna" (Jn. 3:16); y descuidan las palabras del Señor Jesús: "Y Yo rogaré al Padre, y os dará otro Consolador, para que esté con vosotros para siempre" (14:16). Dios no sólo envió al Señor Jesús como el buen Pastor para buscarnos, sino que también envió al Espíritu Santo para iluminarnos. La primera parábola no menciona la lámpara y habla de buscar fuera de la casa, pero la segunda muestra la lámpara y muestra una búsqueda dentro de la casa. El Señor Jesús salió de Su casa y vino al mundo a buscar la oveja perdida; pero el Espíritu Santo está en la casa —en nosotros— iluminándonos y buscando cuidadosamente la moneda perdida. La tercera parábola menciona al padre que espera el regreso de su hijo al hogar. Por lo tanto, tenemos un cuadro del Salvador que viene y del Espíritu Santo que escudriña para que la obra redentora del Señor no sea en vano; Dios espera el regreso del hijo para que la obra del Espíritu Santo no sea en vano.

Si omitimos cualquiera de las dos primeras parábolas, se pierde la secuencia, pues si el buen Pastor no hubiera puesto Su vida por las ovejas, la redención no se habría efectuado, y si el Espíritu Santo no nos hubiera iluminado, no habríamos sido convictos de pecado, de justicia ni de juicio (Jn. 16:8). Aunque algunos reconocen parcialmente que han pecado, sin la iluminación del Espíritu Santo no quedarían convictos en cuanto al pecado, a la justicia y al juicio.

Si el buen Pastor no hubiera puesto Su vida por las ovejas, el Padre no habría podido recibir al hijo pródigo. La obra iluminadora del Espíritu Santo se basa en la muerte del Señor, ya que si el Señor no hubiera muerto, el Padre celestial no habría podido perdonar los pecados del hombre y sería un

Dios injusto. Debemos afirmarnos en el hecho de que el perdón de los pecados se basa en la justicia de Dios. El nos ama, sin embargo, Su amor se basa en Su justicia. Si no fuera así, Dios sería injusto, negaría Su naturaleza y sólo podría tolerarnos. Sin el derramamiento de sangre, no hay perdón de pecados, y si el perdón se puede obtener sin la sangre del Señor, no habría sido necesario un Salvador. ¿Cómo, entonces, seríamos salvos? Aunque tenemos pecados, el Salvador cargó con todos ellos, y ahora podemos acercarnos confiadamente a El y agradecerle. Si no hubiéramos tenido un Salvador, jamás podríamos tener paz en nuestra conciencia. Ya que el Señor murió y llevó a cabo la redención, el Padre celestial nos espera para recibirnos. Cuando el hijo pródigo regresó a su hogar, el padre no lo reprendió ni lo exhortó a arrepentirse, porque el Salvador ya había efectuado la redención, y el Espíritu Santo lo había iluminado. Como resultado, sus pecados le fueron perdonados y fue lavado por la sangre.

Aunque el Señor Jesús ya murió y el Padre celestial espera en Su casa, el hijo pródigo no puede regresar si no es iluminado por el Espíritu Santo. El Espíritu Santo convence al hombre de pecado, haciendo que se arrepienta de su incredulidad; lo convence de justicia, haciendo que vea su error al no recibir al Señor, quien resucitó, ascendió y fue aceptado por el Padre; y de juicio, haciendo que se dé cuenta de que sigue a Satanás, el cual ya fue juzgado y dejó de ser su amo. Todo esto lo hace el Espíritu Santo; por lo tanto, debemos creer lo que el Señor logró, y poner mucha atención a lo que hará.

Muchas personas se centran en lo que el Espíritu Santo hará y descuidan lo que Cristo ya logró; otros recalcan lo que Cristo realizó y descuidan lo que el Espíritu Santo hará. Aquellos que dicen que Cristo ya lo logró todo, dicen que Cristo ya murió, resucitó y completó la obra, y que el Espíritu Santo simplemente nos guía a la verdad, a saber, que Cristo murió, resucitó y entró en la gloria. Aquellos que hacen énfasis en lo que el Espíritu Santo llevará a cabo, dicen que el Espíritu Santo debe laborar dentro de nosotros para que experimentemos específicamente estos hechos. Ninguno de estos puntos de vista es completo. Las aves tienen dos alas, y si les cortamos una, no podrán volar. Cada uno de estos puntos de vista corta una de las alas del ave, y si una persona se encierra en lo que Cristo logró, no tendrá ninguna experiencia, y por otro lado, si se encierra en la obra del Espíritu Santo, carecerá del cimiento apropiado porque la obra del Espíritu Santo se basa en lo que Cristo logró.

En 2 de Corintios 13:14 Pablo dice: "La gracia del Señor Jesucristo, el amor de Dios, y la comunión del Espíritu Santo sean con todos vosotros". El corazón de Dios es amor, y Su propósito es salvar al hombre. El amor es un sentimiento interno, mas cuando se expresa, es gracia. La expresión del amor es la gracia, y la realidad interna de la gracia es el amor; por lo tanto, la gracia del Señor Jesús se menciona primero, porque Cristo efectuó la redención. Dios ama, y Su amor, expresado en la persona de Cristo, produce la gracia. El Espíritu Santo introduce los logros de Cristo en nosotros y de este modo establece una comunión mutua; Él se imparte, y nos transmite lo que Cristo ya realizó. Es imposible recibir la gracia del Señor sin el Espíritu Santo; si sólo deseamos el Espíritu Santo sin recibir lo que Cristo ha realizado, nos es imposible recibirle. La tubería permite que el agua circule, y se necesitan tanto el agua como la tubería para que aquélla llegue a nosotros. Así que, las tres parábolas de Lucas 15 no se repiten, pues presentan la secuencia de la obra redentora de Dios. Cristo efectúa la redención; el Espíritu Santo ilumina al hombre, y Dios el Padre nos recibe por Su amor. Entender estas tres parábolas como se debe nos permitirá llevar una vida equilibrada y nada nos podrá desviar.

PREGUNTA CUARENTA Y UNO

CRISTO Y EL ESPIRITU SANTO

¿Cuál es la relación entre la muerte del Señor Jesús y el descenso del Espíritu?

RESPUESTA

Debido a que esta pregunta está muy relacionada con la salvación y el evangelio, debemos prestarle mucha atención. Gran número de personas tienen un concepto erróneo sobre el Espíritu Santo, ya que piensan que tienen que pagar un elevado precio para ser llenos de El, que se requiere una estricta negación del yo y que tienen que suplicar con insistencia para sentirse gozosos. Piensan que cuando sean llenos del Espíritu Santo serán buenos creyentes y tendrán poder para predicar el evangelio. Si estudiamos la Biblia cuidadosamente, descubriremos que nada de esto se menciona en ella. La Biblia dice que el precio para recibir al Espíritu Santo ya lo pagó el Señor Jesucristo, pues Dios envió al Espíritu Santo como resultado de la muerte y resurrección del Señor Jesucristo. La venida del Espíritu Santo es el resultado de la muerte del Señor Jesús, Su sangre derramada y Sus méritos, no se obtiene como resultado del precio que nosotros podamos pagar, y tampoco por nuestros méritos.

Cuando el Señor Jesús estuvo aquí en la tierra, El dijo a Sus discípulos que el Padre daría el Espíritu Santo a los que se lo pidieran (Lc. 11:13) porque en aquel entonces, el Espíritu Santo todavía no había venido. Después de resucitar, sopló en los discípulos y les dijo: "Recibid el Espíritu Santo" (Jn. 20:22). Desde aquel día no es necesario pedir el Espíritu Santo; sólo tenemos que recibirlo.

Una vez un siervo de Dios dijo: "El Espíritu Santo ya vino, y si la tubería por la cual corre el Espíritu Santo tiene algún obstáculo, simplemente quítelo, y el fluir seguirá su curso. Debemos consagrarnos no sólo una vez, sino continuamente". El Espíritu Santo ya vino por medio el derramamiento de la sangre del Señor Jesús, Su muerte, Su resurrección y Su ascensión. Nosotros debemos eliminar los obstáculos al consagrarnos al Señor. Cuando lo hagamos, seremos llenos del Espíritu Santo. La consagración es el camino para ser llenos del Espíritu Santo. El fluir del Espíritu Santo se basa en la sangre del Señor Jesús. Si la tubería estuviera vacía, quitar el obstáculo no traería el agua. Para ser llenos del Espíritu Santo, debemos consagrarnos. Cuanto más nos consagremos, más llenos seremos; por lo tanto, Él fluye solamente por causa de la sangre del Señor Jesús.

El Antiguo Testamento cuenta el caso en que cuando los israelitas estaban en el desierto, Moisés golpeó la roca, y de ella fluyó agua (Ex. 17:6). En 1 Corintios 10:4 dice que la roca era Cristo. El fluir del Espíritu Santo no se basa en nuestra consagración, sino en la muerte del Señor Jesús. En Levítico 14 se describe la purificación del leproso. El sacerdote primero tomaba la sangre del sacrificio por las transgresiones, y la ponía sobre el lóbulo de la oreja derecha, sobre el pulgar de la mano derecha y sobre el pulgar del pie derecho, del que se purificaba. Luego el sacerdote tomaba del aceite, y lo vertía en la palma de su mano izquierda y lo untaba sobre el lóbulo de la oreja derecha del que se purificaba, sobre el pulgar de su pie derecho, y lo que quedaba del aceite en manos del sacerdote, lo vertía sobre la cabeza del que se purificaba (vs. 14-18). La sangre se relaciona con la redención, y el aceite con el Espíritu Santo. El Espíritu Santo no venía sobre el leproso porque éste declarara que estaba limpio, sino por la sangre. Él era ungido con aceite después que se pronunciaba su limpieza.

Para poder escuchar la voz de Dios, para que nuestras manos hagan las obras de Dios y nuestros pies vayan por Su senda, necesitamos primero que la sangre nos limpie. El Espíritu Santo viene a llenarnos y a capacitarnos basándose en la obra redentora del Señor y en Su sangre, la cual lava todos nuestros pecados, a fin de que podamos actuar y ser llenos del poder del Espíritu Santo; pero este poder no proviene de nuestros esfuerzos, sino de la sangre del Señor.

CRISTO Y EL ESPIRITU SANTO

Esto no se revela tan explícitamente en el Antiguo Testamento como en el Nuevo Testamento. En Juan 7:37-39 leemos: "En el último y gran día de la fiesta, Jesús se puso en pie y alzó la voz, diciendo: Si alguno tiene sed, venga a Mí y beba. El que cree en Mí, como dice la Escritura, de su interior correrán ríos de agua viva. Esto dijo del Espíritu que habían de recibir los que creyesen en El; pues aún no había el Espíritu, porque Jesús no había sido aún glorificado". En aquel tiempo, el Espíritu Santo no había todavía porque Jesús no había muerto, ni resucitado, ni ascendido. El Espíritu Santo no había venido todavía, no por falta de oraciones y fervientes súplicas de los hombres, sino porque Jesús aún no había sido glorificado. En Hechos 2:33 se nos dice: "Así que, exaltado a la diestra de Dios, y habiendo recibido del Padre la promesa del Espíritu Santo, ha derramado esto que vosotros veis y oís". Por consiguiente, el derramamiento del Espíritu Santo fue el resultado de la muerte, resurrección y exaltación del Señor Jesús. La venida del Espíritu Santo se debe al Señor mismo, no a nuestras súplicas desesperadas.

Vemos muy a menudo a personas afligidas y desesperadas que ruegan que se les dé el poder del Espíritu Santo; otros piensan que sólo los creyentes especiales pueden recibir dicho poder, y que los cristianos comunes y corrientes no lo pueden recibir porque este poder es algo extraordinario. De todo lo que Dios nos ha dado, nada se puede comparar con el Espíritu Santo. Aunque Su precio es muy elevado, ya lo pagó el Señor Jesucristo mediante Su muerte y resurrección, y es así como podemos recibir el Espíritu Santo. La sangre del Señor es el precio, y el Señor Jesucristo es la fuente de la cual recibimos el Espíritu Santo. Si en la tubería hay algo que estorba el paso del agua, debemos quitarlo para que haya agua en abundancia. Si entendemos la fuente del Espíritu Santo y el precio que se pagó, no tendremos necesidad de suplicar con insistencia.

En Gálatas 3:13 y 14 dice: "Cristo nos redimió de la maldición de la ley, hecho por nosotros maldición (porque está escrito: 'Maldito todo el que es colgado en un madero'), para que en Cristo Jesús la bendición de Abraham alcanzase a los gentiles, a fin de que por medio de la fe recibiésemos la promesa del Espíritu". Estos versículos indican que el Señor

Jesús fue colgado en un madero para que la bendición de Abraham llegase a los gentiles. ¿Qué significa esto? Significa que simplemente por creer, podemos recibir el Espíritu Santo que Dios nos prometió.

Si usted se siente débil, y su vida espiritual fluctúa, si frecuentemente tropieza y su fuerza desaparece día a día y carece del poder del Espíritu Santo, necesita tener presente que el Señor Jesucristo ya murió y Su sangre ya fue derramada. Lo único que usted necesita es acercarse a la presencia de Dios para recibir el Espíritu Santo prometido. Usted puede agradecer a Dios por la sangre de Jesucristo, el cual pagó un elevado precio para que usted reciba el poder del Espíritu Santo. Usted no tiene que seguir oscilando; debe poner mucha atención a lo siguiente: si hay un obstáculo en usted que no ha sido eliminado, o si su consagración no es incondicional, todavía no puede recibir el poder del Espíritu Santo.

No tenemos que orar con vehemencia pidiendo el Espíritu Santo, sino que debemos recibir lo que el Señor Jesucristo ya cumplió; tenemos que creer y aferrarnos de esto por la fe. La Biblia dice que el Señor Jesucristo fue enviado para llevar a cabo la voluntad de Dios y que el Espíritu Santo ya fue derramado sobre nosotros.

Pregunta cuarenta y dos

LA RECONCILIACION

¿Cuál es la enseñanza de la Biblia sobre la reconciliación? ¿Debe el hombre reconciliarse con Dios, o debe Dios reconciliarse con el hombre?

RESPUESTA

Examinemos 2 Corintios 5:18-20: "Mas todo proviene de Dios, quien nos reconcilió consigo mismo por Cristo, y nos dio el ministerio de la reconciliación; a saber, que en Cristo Dios estaba reconciliando consigo al mundo, no imputándoles a los hombres sus delitos, y puso en nosotros la palabra de la reconciliación. Así que, somos embajadores en nombre de Cristo, exhortándoos Dios por medio de nosotros; os rogamos en nombre de Cristo: Reconciliaos con Dios". Estos versículos nos muestran que existe una creencia errónea de que si el hombre desea ser salvo, debe rogar a Dios desesperadamente hasta conmoverlo; pero la Biblia no enseña tal cosa. Dios no es un Dios de odio; El no odia a nadie. Sin embargo, el hombre tiende a creer que el corazón de Dios es muy duro, y por consiguiente, se siente obligado a suplicar constantemente pidiendo misericordia y perdón, y teme que Dios va a cambiar Su parecer hacia él. Esta idea es el resultado de una falta de entendimiento de lo que dice la Biblia.

"Mas todo proviene de Dios, quien nos reconcilió consigo mismo por Cristo". Dios nos reconcilió consigo mismo por medio de Cristo; por lo tanto, si una persona piensa que Dios la aborrece y tiene que suplicar, confesar, llorar constantemente y ofrecer penitencia para que Dios la perdone, está totalmente equivocada. De hecho, Dios reconcilió al hombre consigo mismo por Cristo. Cuando Cristo estuvo aquí en la tierra, representaba a Dios e hizo todo para el hombre con el propósito de expresar a Dios mismo. El amor de Cristo hacia el hombre en la tierra, expresaba el amor de Dios en el cielo.

Finalmente, Dios preparó un Salvador para nosotros, El cual murió en la cruz y recibió el castigo por nosotros; de tal manera que Dios ya nos reconcilió consigo mismo por Jesucristo. Dios está en paz con nosotros y no tiene ningún problema con nosotros ni nos trata según nuestro pensamiento.

"Y nos dio el ministerio de la reconciliación". El ministerio de los apóstoles era persuadir al hombre a reconciliarse con Dios, pero el hombre piensa que debe pedir piedad a Dios y amor y desconoce por completo que Dios lo ama muchísimo. Dios espera que el hombre se reconcilie con El; por lo tanto, los apóstoles rogaban a los hombres que se reconciliaran con Dios. Nunca le pedían a Dios que se reconciliara con el hombre.

¿Cómo reconcilió Dios a los hombres consigo mismo? "No imputándoles a los hombres sus delitos". Dios nos reconcilió consigo mismo mediante Jesucristo no tomando en cuenta nuestras transgresiones.

"Así que, somos embajadores en nombre de Cristo, por medio de nosotros; os rogamos en nombre de Cristo: Reconciliaos con Dios". Este versículo dice que los apóstoles rogaban en nombre de Cristo que los hombres se reconciliaran con Dios. No pidieron a Dios que se reconciliara con nosotros. El hombre piensa que Dios no está dispuesto a reconciliarse con él. En realidad, Dios nos ha comisionado para que roguemos a los hombres que se reconcilien con El. La orden que hemos recibido de Dios es suplicar a los hombres en nombre de Cristo que se reconcilien con Dios. No es necesario suplicarle a Dios. Tenemos que rogar a los hombres que reciban lo que Dios preparó para ellos. El hombre no necesita rogar que Dios tenga piedad de él, sino creer y aceptar lo que Cristo ya realizó.

¿No aborrece Dios el pecado? Indudablemente El aborrece el pecado, pero si un hombre recibe al Señor Jesucristo, Dios lo perdona; por lo tanto, debemos tener mucho cuidado de no llegar a pensar que en el corazón de Dios hay odio para con el hombre.

Pregunta cuarenta y tres

LOS REQUISITOS PARA LA SALVACION

¿Cuáles son los requisitos para obtener la salvación, esto es, para recibir la vida eterna?

RESPUESTA

De acuerdo con la Biblia, sólo hay un requisito para ser salvo, el cual es creer, y no hay que añadir nada; pero hay muchas personas que piensan que creer no basta y que debemos añadir algo más con el fin de ser salvos. Esto se debe a que no entienden lo que significa creer, ni cuál es el significado de la fe y cuál es el resultado y la expresión de una fe viva. Mientras una persona crea verdaderamente, es salva y no necesita nada más. Veamos siete condiciones que no se necesitan para obtener la salvación.

1. Creer y esperar

Algunas personas piensan que para ser salvas deben creer y luego implorar desesperadamente que Dios tenga piedad y misericordia y que les conceda ir al cielo. Pero la Biblia no dice que debemos esperar que Dios sea bondadoso con nosotros, sino que debemos creer que Dios ya nos dio la gracia. En Romanos 3:21 y 22 dice: "Pero ahora, aparte de la ley, se ha manifestado la justicia de Dios, atestiguada por la ley y por los profetas; la justicia de Dios por medio de la fe de Jesucristo, para todos los que creen. Porque no hay distinción". Cualquiera que piense que debe creer y esperar no tiene una fe verdadera y, con el tiempo, carecerá de una fe auténtica. La fe equivale a creer lo que ya se realizó. Estas personas no saben lo que significa la fe, ni conocen el corazón de Dios; simplemente se les ocurre que Dios concede Su perdón de una manera renuente y que ellos deben implorar a Dios, a tal grado que finalmente El se apiade de ellos. En realidad, Dios ya les perdonó, pues el Señor Jesús derramó Su preciosa sangre, y todos nuestros pecados fueron perdonados; por lo tanto, la obra ya se llevó a cabo y, si creemos, es nuestra. Al creer que el Señor murió por nosotros, la gracia de Dios se manifiesta en nosotros.

2. Creer y confesar

Algunos piensan que si una persona cree pero no confiesa a Cristo, no puede ser salva. Indudablemente, la persona que cree debe confesar a Cristo; no obstante, la salvación no se produce por la confesión, pues ésta no es una condición para ser salvo y no se recibe la salvación por confesar.

En Mateo 10:32 y 33 dice: "Pues a todo el que en Mí confiese delante de los hombres, Yo en él también confesaré delante de Mi Padre que está en los cielos; pero a cualquiera que me niegue delante de los hombres, Yo también le negaré delante de Mi Padre que está en los cielos". Este pasaje de la Escritura no se refiere a recibir la vida eterna sino a la posición futura del hombre en el reino de los cielos y a la salvación del alma del creyente. Si una persona está dispuesta a negarse a sí misma y confesar al Señor aquí en la tierra, el Señor le confesará delante del Padre en el futuro. Esto no se refiere a la salvación eterna de una persona.

En Marcos 8:38 se hace alusión a la era del reino, diciendo: "Porque el que se avergüence de Mí y de Mis palabras en esta generación adúltera y pecadora, el Hijo del Hombre se avergonzará también de él, cuando venga en la gloria de Su Padre con los santos ángeles". Leemos en Marcos 8:35: "Porque el que quiera salvar la vida de su alma, la perderá; y el que la pierda por causa de Mí y del evangelio, la salvará". ¿Qué significa perder la vida del alma en la tierra? Significa estar dispuesto a dejar todo deleite del alma por causa del Señor. Cualquiera que tema ser avergonzado hoy, ciertamente será avergonzado en el futuro, pero aquel que no tema ser avergonzado por el Señor hoy, ciertamente será honrado en el futuro. Aquellos que no estén dispuestos a sufrir con el Señor hoy, se perderán la gloria del reino. Cuando el Señor establezca Su reino en la tierra, muchos perderán tal gloria.

Mateo 10:32 y 33 y Marcos 8:35 y 38 se refieren al reino y no a la obtención de la vida eterna. El acceso al reino se relaciona con la conducta del creyente en la tierra hoy y si un creyente no confiesa al Señor cuando debe ante los hombres, aunque haya obtenido la vida eterna, no tendrá porción alguna en el reino.

En Romanos 10:10 leemos: "Porque con el corazón se cree para justicia, y con la boca se confiesa para salvación". En este versículo parece que se dijera que uno es salvo por hacer una confesión con la boca; sin embargo, debemos tener en cuenta todo el contexto. El tema de Romanos 10 es la justicia, la cual se recibe por fe. Cristo es el fin de la ley para justicia a todo aquel que cree (v. 4). La fe es el requisito para obtener la justicia, ¿pero qué es la fe? Los versículos anteriores dicen que la palabra está cerca, "en tu boca y en tu corazón" y añade que si uno confiesa con la boca a Jesús como Señor y cree en su corazón que Dios le levantó de los muertos, será salvo. Esta fe incluye dos aspectos: con la boca y con el corazón. Estos dos pasos son actos de la fe, o sea que son dos aspectos de una sola cosa. Son similares a la justificación y la salvación, que también son dos aspectos de una sola cosa. La confesión audible es una expresión de la fe y ésta, a su vez, incluye la confesión. Por esta razón, la cita que sigue concluye con la fe, no con la confesión; el versículo 11 dice: "Todo aquel que en Él crea, no será avergonzado". No dice que quien crea y confiese no será avergonzado. La confesión se incluye en la fe y, por ende, está de más mencionarla. El versículo 14 dice: "¿Cómo, pues, invocarán a Aquel en el cual no han creído?" Los versículos 16 y 17 dicen: "'Señor, ¿Quién ha creído lo que de nosotros ha oído?' Así que la fe proviene del oír". Ninguno de estos versículos menciona la confesión, pues ésta no es independiente de la fe, sino la expresión espontánea de ella. Entonces ¿cómo se expresa la confesión de la que aquí se habla? Confesar no significa ponerse de pie para dar un testimonio; es más parecido al clamor de un niño que busca a su mamá. Cuando una persona es salva por creer con el corazón, confiesa con la boca y espontáneamente clama: "Abba, Padre"; por lo tanto, la confesión no es un requisito adicional a la fe. La persona sólo necesita creer a fin de ser salva.

3. Confesar y hacer buenas obras

Algunas personas piensan lo siguiente: "Yo soy un pecador y necesito portarme bien. Ser salvo simplemente creyendo en Jesús es demasiado fácil; por lo tanto, yo debo creer en Jesús y además hacer buenas obras; de este modo aseguro mi salvación". Pero la Biblia no enseña tal cosa. Aunque Dios nos salva para buenas obras, aunque fuimos "creados en Cristo Jesús para buenas obras" (Ef. 2:10) y debemos estar dispuestos para toda buena obra (2 Ti. 2:21), aún así debemos notar que las buenas obras vienen después de que somos salvos. La salvación no es el resultado de las buenas obras, ni siquiera de las buenas obras que se añaden después de creer. Así como un niño no camina antes de nacer, así mismo uno tiene que nacer de nuevo primero, y luego vienen las buenas obras. Es imposible que una persona haga buenas obras antes de nacer de nuevo.

En Romanos 4:4-6 leemos: "Ahora bien, al que obra no se le cuenta el salario como gracia, sino como deuda; mas al que no obra, sino que cree en aquel que justifica al impío, su fe le es contada por justicia. Como también David habla de la bienaventuranza del hombre a quien Dios atribuye justicia sin obras". El salario que se le da a una persona que trabaja no se cuenta como gracia sino como deuda, ya que ella merece un pago por su buena labor; pero la fe de aquel que no labora sino que *cree* en el que justifica al impío, le es contada por justicia. Somos salvos por la fe y no por las obras; no es necesario añadir nada a la fe. Debemos recordar que la fe sola es suficiente. David dice que es bienaventurado "el hombre a quien Dios atribuye justicia sin obras". La palabra "sin obras" demuestra que la salvación no tiene relación alguna con las obras.

En Efesios 2:8-10 dice: "Porque por gracia habéis sido salvos por medio de la fe; y esto no de vosotros, pues es don de Dios; no por obras, para que nadie se gloríe. Porque somos Su obra maestra, creados en Cristo Jesús para buenas obras, las cuales Dios preparó de antemano para que anduviésemos en ellas". Los versículos 8 y 9 nos dicen que somos salvos por gracia mediante la fe que Dios nos dio y no por nuestras propias obras, y en el versículo 10 leemos que Dios nos salvó para buenas obras, las cuales El preparó para nosotros. Somos salvos por gracia, mediante la fe, y después de ser salvos, debemos hacer las buenas obras que Dios preparó de antemano para que nosotros las lleváramos a cabo.

4. Creer y orar

Algunos tienen la idea de que uno tiene que orar para ser salvo, y no se dan cuenta de que la salvación se obtiene por la fe, no por orar. No necesitamos pedir, porque el Señor Jesucristo ya cargó con nuestros pecados, y fue juzgado por Dios. Simplemente tenemos que creer. Orar es suplicarle a Dios que haga algo, pero creer es aceptar lo que El ya hizo. Creemos que Dios juzgó a Jesucristo y que Cristo murió por nosotros. La obra realizada en la cruz cumplió plenamente la obra de redención, así que cualquiera que crea en lo que Dios ya hizo, será salvo.

Sin embargo, uno se podría preguntar: "¿No dice Romanos 10:13 que todo aquel que invoque el nombre del Señor, será salvo? ¿No es esto una evidencia de que debemos orar para ser salvos y de que si no oramos, no lo seremos?" Leamos el versículo que le sucede: "¿Cómo, pues, invocarán a Aquel en el cual no han creído?". Creer viene primero, e invocar después; el invocar se origina en el creer; por lo tanto, no es un requisito, ni adicional ni independiente. Creer trae consigo el invocar, y creer produce espontáneamente el invocar; de modo que, invocar en este versículo no es una oración común y corriente, sino clamar al nombre del Señor. Este concepto es semejante a lo que discutimos en la pregunta anterior sobre confesar al Señor Jesucristo audiblemente y semejante a lo dicho en 1 Corintios 12:3: "Nadie puede decir: ¡Jesús es Señor!, sino en el Espíritu Santo". El nombre del Señor trae salvación; así que, cualquiera que invoque el nombre del Señor o proclame que Jesús es el Señor, será salvo. ¿Puede alguien decir que Jesús es el Señor sin creerlo? O ¿puede alguien que cree que Jesús es el Señor no decirlo ni invocar Su nombre? La oración no es, entonces, un requisito para ser salvo. La fe sola es el requisito.

5. Creer y ser bautizado

Algunos piensan, con justificada razón, que la salvación no depende de la esperanza, de la confesión, de las obras ni de la oración, pero que sí es necesario creer y ser bautizado para ser salvo. Este concepto también está errado. En Marcos 16:16 dice: "El que crea y sea bautizado, será salvo". Prestemos muchas atención a lo que alude la palabra "salvo". En la Biblia tenemos varias clases de salvación: la salvación eterna, que, como la palabra lo indica alude a heredar la vida eterna; la salvación diaria del creyente; la salvación por las aflicciones; la salvación del cuerpo; y la salvación del alma por la cual se reinará en vida con el Señor en el reino de los cielos. La salvación que se relaciona con el bautismo alude a ser salvos del mundo pecaminoso, lo cual es diferente a tener la vida eterna. Ser bautizado significa ser rescatado de la esfera del pecado. Si una persona cree pero no ha sido bautizada, tiene vida eterna, pero a los ojos del mundo, todavía no es salva ya que debe ser bautizada y declarar que no tiene nada que ver con la esfera del pecado; de este modo, los demás reconocerán su salvación. Para obtener la vida eterna, ser libre de la condenación y recibir la salvación eterna, lo único que se requiere es creer y nada más. La primera parte de Marcos 16:16 dice: "El que crea y sea bautizado, será salvo", pero la segunda parte dice: "Mas el que no crea, será condenado". Esta parte no dice que el que no crea y no sea bautizado será condenado. Para poder ser salvos de la esfera pecaminosa del mundo, debemos creer y ser bautizados, y para condenarnos, es suficiente con no creer. Es decir, el requisito para no ser condenado es simplemente creer; no es creer y ser bautizado. El criminal que estaba en la cruz no fue bautizado pero de todos modos el Señor le dijo: "Hoy estarás conmigo en el Paraíso" (Lc. 23:40-43). Él creyó y no fue condenado; fue salvo y obtuvo la vida eterna. Por lo tanto, el bautismo no es una condición para recibir la vida eterna.

6. Creer y confesar los pecados

Algunos piensan que nuestros pecados son como tiras de papel que cuelgan de la cruz, y que cuando confesamos un pecado, la tira correspondiente a ese pecado es arrancada, pero las demás permanecen allí. La Biblia no enseña tal cosa. No quiero decir con esto que no necesitamos confesar nuestros pecados; sí debemos confesarlos, pero la confesión no es un requisito para recibir la salvación.

Algunos pueden preguntar: ¿No dice acaso 1 Juan que "si confesamos nuestros pecados, El es fiel y justo para perdonarnos nuestros pecados, y limpiarnos de toda injusticia"? ¿No indica este versículo que debemos confesar los pecados? Indudablemente debemos confesar los pecados como lo indica este versículo, pero esta epístola no fue escrita para los incrédulos. La palabra "nosotros" se refiere a los creyentes, lo cual muestra que fue escrita para los creyentes. Este libro menciona tres clases de cristianos: (1) los niños, quienes tienen la vida, (2) los jóvenes, quienes son fuertes, y (3) los padres, quienes tienen experiencia. Esta epístola es diferente a la de Romanos, pues está dirigida a los creyentes y su tema es la comunión. Si un creyente comete pecado, debe confesarlo; de lo contrario, su comunión se interrumpirá. Si desea restaurarla, debe confesar su pecado. Sin embargo, es erróneo decirle a un incrédulo que debe confesar sus pecados para ser salvo. El Espíritu Santo convence al hombre de pecado, de justicia y de juicio, y hace que crea en la obra que el Hijo de Dios realizó. Cuando una persona cree, sus pecados le son perdonados delante de Dios. La condición para que Dios le perdone los pecados es la fe. No encontramos ningún pasaje en la Biblia que diga que un pecador debe creer y confesar sus pecados para poder ser salvo. Jesucristo ya efectuó la redención y todo aquel que crea el testimonio que Dios dio de Su Hijo, será salvo.

7. Creer y arrepentirse

Muchos dicen que la salvación depende del arrepentimiento, pero el libro de Romanos, que presenta la salvación con bastante claridad, no dice que ésta se obtiene por obra alguna. Juan es quien más claramente presenta el evangelio, y él no dice que la salvación se obtenga por medio del arrepentimiento. La salvación se obtiene por la fe, no por el arrepentimiento.

Entonces ¿es necesario el arrepentimiento? Según la Biblia,

quienes creen, primero deben arrepentirse, y una persona salva también debe tener un arrepentimiento. Uno se arrepiente tanto antes como después de creer. Si una persona jamás tiene un cambio de actitud en lo que se refiere al pecado, a sí misma, al mundo y al Señor, no puede ser salva. La palabra *arrepentimiento* significa tener un cambio de mentalidad. Usemos un ejemplo. Una persona esta aferrada a algo antes de ser salva, pero después de ser salva se da cuenta que aquello ya no le interesa de la misma manera que antes; por lo tanto el arrepentimiento no es una condición para ser salvo, pero sí hace parte de la acción de creer y de la salvación misma.

¿Qué significa creer? Creer no significa acertar algunas doctrinas teológicas. Oír se refiere a escuchar enseñanzas, pero creer tiene que ver con Cristo. Leemos en Efesios 1:13: "En El también vosotros, habiendo oído la palabra de la verdad, el evangelio de vuestra salvación, y en El habiendo creído". Oímos la palabra de la verdad, el evangelio, pero creemos en Cristo. Algunas personas dicen que creen, pero en realidad sólo están de acuerdo con las doctrinas, no han creído en Cristo. Otros tal vez se imaginen que han creído, pero jamás han llegado a conocer a Cristo. Estas personas no son salvas; por lo tanto, nuestra meta no es predicar doctrinas, sino conducir a las personas a creer en Cristo.

¿Qué significa creer en Cristo? En 1 Juan 5:9-12 vemos: "Si recibimos el testimonio de los hombres, mayor es el testimonio de Dios; porque éste es el testimonio con que Dios ha testificado acerca de Su Hijo. El que cree en el Hijo de Dios, tiene el testimonio en sí mismo; el que no cree a Dios, le ha hecho mentiroso, porque no ha creído en el testimonio que Dios ha dado acerca de Su Hijo. Y éste es el testimonio: que Dios nos ha dado vida eterna; y esta vida está en Su Hijo. El que tiene al Hijo, tiene la vida; el que no tiene al Hijo de Dios no tiene la vida". Por consiguiente, creer consiste en recibir el testimonio de que Dios dio a Su Hijo, y cualquiera que crea en Su Hijo, tiene vida eterna.

Nos regocijamos porque somos salvos creyendo y nada más. Debemos tener buenas obras, proclamar a Cristo, confesar nuestros pecados, arrepentirnos, ser bautizados y orar sin cesar para agradar a Dios. No debemos descuidar estas cosas y desagradar a Dios; sin embargo, no somos salvos por ellas, pues recibimos la salvación sólo por creer.

Pregunta cuarenta y cuatro

EL PECADO QUE NO TIENE PERDON

¿Cuál es el pecado que no tiene perdón? ¿Se salva una persona que cometa tal pecado? ¿Cuál es el verdadero significado de dicho pecado?

RESPUESTA

El pecado que no se perdona es el de blasfemar contra el Espíritu Santo. El diablo nunca está ocioso, y dondequiera que el Espíritu Santo esté laborando, él también se encontrará. Muchas veces él distorsiona un poco la verdad de la Biblia para atormentar a las personas. Cuando el Espíritu Santo convence a una persona de su pecado, el diablo interviene y le dice: "Tú eres un pecador, el peor de todos; has cometido el pecado de blasfemar contra el Espíritu Santo; así que, no tienes perdón". Muchas personas temen haber cometido el pecado de blasfemar contra el Espíritu Santo. Expliquemos, ante todo, qué significa este pecado, y llegaremos a la conclusión de que no es posible cometer este pecado en la actualidad. Vayamos a Marcos 3:28-30.

El versículo 28 dice: "De cierto os digo que todos los pecados serán perdonados a los hijos de los hombres, y cuantas blasfemias que profieran". ¡Qué palabra tan maravillosa! ¡Suena tan agradable como la música! Todos los pecados del mundo y todas las blasfemias pueden ser perdonados. ¡Esta es la gran proclamación del evangelio! Todos los pecados, los graves, grandes, pequeños, leves, viles, pecados que la humanidad considera perdonables como también los imperdonables, los pecados del pasado, del presente y aun los de mañana, están incluídos. ¡Aleluya! ¡Todos los pecados son perdonados! Las blasfemias contra Dios, las calumnias contra el Señor, nuestros actos y todas las palabras que hayamos proferido contra Dios mientras éramos incrédulos, son perdonados. No hay ni un solo pecado, ni siquiera una blasfemia que no pueda ser perdonada. A esto es a lo que se refiere el Señor.

Usted no debe pensar que ha cometido ese pecado imperdonable. Decir algo que ofenda a Dios o a Cristo no es blasfemar contra el Espíritu Santo. El pecado que no se perdona es la blasfemia contra el Espíritu Santo, no contra Cristo. Apagar el Espíritu Santo o rechazarlo o resistirlo no equivalen a blasfemar en contra de El.

El versículo 29 dice: "Pero cualquiera que blasfeme contra el Espíritu Santo, no tiene jamás perdón sino que es reo de un pecado eterno". Este es claramente un pecado único y especial.

¿Qué significa blasfemar contra el Espíritu Santo? Significa proferir palabras blasfemas contra el Espíritu Santo. Pero ¿cómo sabemos que este pecado se relaciona con palabras expresadas? Porque en el versículo 30 leemos: "Dijo esto porque ellos habían dicho: Tiene espíritu inmundo". Este pecado no es fácil de cometer hoy en día, como muchos piensan, ya que para cometerlo, la persona tiene que haber visto al Señor personalmente echar fuera demonios y hacer milagros y prodigios por el Espíritu de Dios cuando El estuvo en la tierra, y pese a este conocimiento, la persona tendría que insistir en que el Señor Jesús estaba poseído por los demonios.

Para que una persona cometa este pecado, debe (1) ver al Señor Jesús con sus propios ojos, (2) presenciar la realización de milagros y prodigios entre la gente, (3) estar consciente de que aquello es obra del Espíritu Santo y, aún así, (4) insistir en que es una acción de demonios. ¿Cómo podemos cometer el pecado de blasfemar contra el Espíritu Santo si no hemos visto al Señor con nuestros propios ojos, ni le hemos visto hacer milagros y prodigios entre nosotros ni sabemos con claridad que esas obras fueron realizadas por el Espíritu Santo? No tenemos ni la más remota posibilidad de cometer tal pecado, y si alguien o el diablo viene y nos dice que lo hemos cometido y que no podemos ser perdonados, podemos inmediatamente contestar que no existe tal cosa, porque jamás hemos visto al Señor personalmente, ni lo hemos visto hacer milagros y prodigios. Es más, no hemos dicho que los milagros y prodigios fueron hechos por el diablo, pues sabemos con certeza que fueron hechos por el Espíritu Santo.

Hubo una vez un recién convertido que le preguntó a un hermano anciano lo siguiente: "¿Habré cometido el pecado de blasfemar contra el Espíritu Santo?" Y el anciano le contestó acertadamente: "Si te afliges por tus pecados, no has cometido el pecado de blasfemar contra el Espíritu Santo". Esto es cierto, pero debemos añadir algo más, y es si la persona no siente que haya pecado, tampoco se le puede catalogar como si hubiera cometido el pecado de blasfemar contra el Espíritu Santo.

Notemos cómo el evangelio de Mateo relata este hecho: "Y cualquiera que diga alguna palabra contra el Hijo del Hombre, le será perdonado; pero al que hable contra el Espíritu Santo, no le será perdonado, ni en este siglo ni en el venidero" (12:32). El Señor dirigió estas palabras a los judíos, quienes habían cometido el pecado del que estamos hablando. Ellos vieron claramente al Señor echar fuera demonios por el Espíritu Santo; sin embargo, seguían afirmando que Él echaba fuera demonios por Beelzebú, el príncipe de los demonios. ¿Cómo describe la Biblia a estas personas? "Y se cumple en ellos la profecía de Isaías, que dice: 'De oído oiréis, y no entenderéis; y viendo veréis, y no percibiréis. Porque el corazón de este pueblo se ha engrosado, y con los oídos han oído pesadamente, y han cerrado sus ojos; para que no vean con los ojos, y oigan con los oídos, y con el corazón entiendan, y se conviertan, y Yo los sane'" (13:14-15). Esto nos muestra que cualquiera que haya cometido el pecado de blasfemar contra el Espíritu Santo, en ningún momento sintió, ni deseó ser salvo porque su corazón estaba cargado, sus oídos oían pesadamente y sus ojos estaban cerrados.

Existen otros dos pasajes bastante significativos que se relacionan entre sí. El primero lo encontramos en Lucas 8:12 que dice: "Y los de junto al camino son los que oyen, y luego viene el diablo y quita de su corazón la palabra, para que no crean y se salven" El diablo sabe que cuando una persona cree, es salva, por eso teme que la gente crea y sea salva. El otro pasaje se halla en Mateo 13:11-15 que dice: "El respondiendo, les dijo: Porque a vosotros os ha sido dado a conocer los misterios del reino de los cielos, mas a ellos no les ha sido dado ... Por eso les hablo en parábolas ... para que no vean con los ojos, y oigan con los oídos, y con el corazón entiendan, y se conviertan, y Yo los sane". En cuanto a las personas que blasfemaban contra el Espíritu Santo, Dios también temía que fueran salvas; por eso el Señor habló en parábolas no fuera que se arrepintieran y fueran sanadas. ¡Aleluya! Creer y ser salvo es algo maravilloso.

Quien blasfeme contra el Espíritu Santo jamás será perdonado porque "es reo de un pecado eterno" y según muchos eruditos de la Biblia, esta expresión también se puede traducir como "él pecará siempre", y no recibirá perdón ni en esta era ni en la venidera, porque pecará siempre. Pero ¿cómo puede pecar en el infierno? Su peor tormento allí serán los gusanos y las llamas. En el infierno hay sufrimiento porque no hay agua ni siquiera para mojar la punta del dedo. También existen las llamas de fuego de las concupiscencias. Es un lugar en donde el pecado y las concupiscencias jamás se satisfacen; es un lugar de tormento. Pero podemos agradecer y alabar a Dios porque al estar dispuestos a creer, no existe ningún pecado que nos impida ser salvos porque el Señor dijo: "Todos los pecados serán perdonados a los hijos de los hombres, y cuantas blasfemias que profieran" (Mr. 3:28); por lo tanto, podemos estar en paz.

Aunque no podemos cometer el pecado de blasfemar contra el Espíritu Santo, sí debemos tener mucho cuidado cuando nos relacionamos con la obra del Espíritu Santo. No digamos de una manera ligera que la obra de esta persona es del Espíritu Santo o la de aquella persona es de los espíritus malignos.

PREGUNTA CUARENTA Y CINCO

CAER DE LA GRACIA

¿Qué significa caer de la gracia (Gá. 5:4)? ¿Son salvos los que caen de la gracia?

RESPUESTA

Existen varios libros del Nuevo Testamento que se asemejan entre sí, como por ejemplo, Efesios y Colosenses, o Gálatas y Romanos. Esta similitud se debe a que un libro presenta el tema desde un punto de vista, mientras que el otro lo afirma desde otro. En Efesios se nos dice que la iglesia es el Cuerpo de Cristo, pero en Colosenses se presenta a Cristo como Cabeza de la iglesia. En Romanos vemos que la justificación se recibe por la gracia de Dios, se basa en Su justicia y se obtiene mediante la fe del hombre; mientras que Gálatas, por otro lado, dice que el hombre no puede ser salvo por la ley ni justificado por las obras. Romanos nos dice lo que es la verdad, y Gálatas nos muestra lo que no es. Si sabemos qué no es la verdad, comprenderemos más claramente lo que sí es.

Los creyentes de Galacia tuvieron un buen comienzo porque ellos fueron salvos por fe; sin embargo, surgió un peligro entre ellos; algunos decían que aunque el comienzo de la salvación del hombre era por la fe en Cristo, por el mover del Espíritu Santo y por la gracia de Dios, una vez que uno es salvo, tiene que agradar a Dios cumpliendo la ley y tratando de obrar lo mejor posible. Si usted le pregunta a alguien cómo fue salvo, sin duda esa persona le responderá que por fe; pero si le pregunta cómo agradar a Dios, la misma persona le dirá que actuando rectamente. Esta era la condición de los creyentes de Galacia. Pensaban que la salvación se recibía por la fe, pero que para conservarla, tenían que cumplir la ley. También creían que primero debían circuncidarse y luego cumplir los preceptos del Antiguo Testamento; por lo tanto, Pablo les dijo: "Habéis sido reducidos a nada, separados de Cristo, los que buscáis ser justificados por la ley; de la gracia habéis caído" (Gá. 5:4).

¿Qué significa haber caído de la gracia? En Gálatas 5:1 vemos que ellos habían entrado en la gracia porque dice: "Estad, pues, firmes, y no estéis otra vez sujetos al yugo de esclavitud". Esto indica que Cristo los había libertado; ya eran libres. Ahora debían afianzarse de esa libertad y no estar sujetos nuevamente al yugo del cautiverio. Examinemos más detalladamente y comprenderemos lo que significa caer de la gracia. Supongamos que alguien está firme en su libertad, pero si se deja mover y cae bajo el yugo, cae de la gracia. Esto no tiene que ver con la salvación, pues sólo los que ya son salvos tienen la posibilidad de caer de la gracia.

Cada persona salva obtiene una nueva posición y la libertad de un hijo de Dios, en el momento que es salva. La libertad no significa indulgencia; consiste más bien en tener un espíritu libre ante Dios. No se nos exige esforzarnos por guardar los días [que se observan en la ley], ni mucho menos que seamos circuncidados.

¿Qué diferencia existe entre un creyente libre y uno que no lo es? Cuando un creyente libre viene a la presencia de Dios, sólo recuerda que Dios le aceptó por medio de Jesucristo; se olvida de sí mismo, y no se examina a sí mismo. Simplemente tiene presente que se puede acercar a Dios por la sangre del Señor Jesús. Por esto, tiene confianza para entrar al Lugar Santísimo. Sin embargo, un cristiano que no es libre, piensa que debe ser muy cuidadoso desde la mañana hasta la noche. Si trata bien a los demás, lee su Biblia con gozo y hace largas oraciones durante el día, sentirá confianza al ir a las reuniones, y eleva su "amén" con voz fuerte. Pero el día que no se porte tan bien, piensa que Dios está disgustado con él. Esta clase de creyente siempre está centrado en sí mismo y se olvida de mirar a Cristo y lo que Él realizó; piensa que Dios está contento cuando él obra bien y que se enoja cuando no se comporta bien. Por consiguiente, desde la mañana hasta la noche, lleva sobre sí un yugo de hierro, el cual se compone de las leyes más estrictas que debe cumplir.

Tengamos en cuenta que la libertad de la que Pablo habla, no se refiere ni a la posición que tenemos ni a la salvación, sino al deleite diario de la libertad de la gracia que Dios nos ha dado como Sus hijos. Esta libertad no es libertinaje ni es poder hacer lo que se desea. Se refiere a la libertad que tenemos ante Dios, la cual nos fue dada por medio de Jesucristo. Si nos acercamos a Dios sin tener presente la sangre y contemplándonos a nosotros mismos, cometemos el peor pecado, pues hemos tenido en poco la sangre, la cual Dios valora altamente. Se nos dice en Hebreos 10:29 que es un pecado grave tener por común la sangre del pacto por la cual el hombre es santificado. La sangre es tan valiosa para Dios que la Biblia la llama "la sangre preciosa". Si uno no pone su vista en esta sangre ante Dios, perderá el gozo de la gracia en esta vida.

En Gálatas 5:4 dice: "Habéis sido reducidos a nada, separados de Cristo". Esto significa que la persona ha perdido las bendiciones correspondientes a esta vida. Una persona es salva, recibirá bendiciones en la vida venidera, pero si no sabe vivir diariamente por lo que Cristo ha realizado, no puede disfrutar las bendiciones que Él ofrece cada día. El creyente que no es libre lleva sobre sí un yugo y vive como esclavo, no como hijo.

La Biblia hace un gran énfasis en la obra de Cristo y muestra que Dios nos acepta por la obra de Cristo y no por las nuestras. Así que, cada vez que nos acercamos a Dios, lo hacemos basándonos en lo que Cristo es ante Dios, no en lo que nosotros somos. Dios valora a Cristo altamente, mas no a nosotros. Si nos conducimos mejor que los apóstoles Pedro, Juan o Pablo, de todos modos nos acercamos a Dios sólo por Cristo, porque es Él quien nos concede acceso a Dios, no nuestras buenas obras.

Nos acercamos a Dios por lo que Cristo llevó a cabo. ¿Cómo entonces debemos acercarnos a los hombres? Si decimos que nos allegamos a la presencia de Dios apoyados en lo que Cristo realizó, ¿importa si nuestro comportamiento es apropiado ante los hombres? Debemos brillar ante ellos, y si eso sucede, ellos darán gloria a nuestro Padre celestial por nuestras buenas obras. Pero si nuestra conducta no es apropiada, no podrán reconocernos como cristianos.

La posición que Cristo nos dio ante Dios nos da seguridad,

y cada día, cada momento, que nos acerquemos a la presencia de Dios, debemos hacerlo con una conciencia libre de ofensas. Algunos creyentes tienen un sentido de culpabilidad cuando entran a la presencia de Dios, pero Hebreos 10:2 dice que no tenemos conciencia de pecado, por haber sido purificada nuestra conciencia. Una vez que nuestra conciencia es purificada por la sangre, somos libres para siempre delante de Dios.

Pregunta cuarenta y seis

HEBREOS 6:4-8

¿Perecerán las personas a las que alude Hebreos 6:4-8?

RESPUESTA

En Hebreos 6:1-8 leemos: "Por tanto, dejando ya la palabra de los comienzos de Cristo, vayamos adelante a la madurez; no echando otra vez el fundamento del arrepentimiento de obras muertas y de la fe en Dios, de la enseñanza de bautismos, de la imposición de manos, de la resurrección de los muertos y del juicio eterno. Y esto haremos, si Dios lo permite. Porque es imposible que los que una vez fueron iluminados y gustaron del don celestial, y fueron hechos partícipes del Espíritu Santo, y asimismo gustaron de la buena palabra de Dios y los poderes del siglo venidero, y recayeron, sean otra vez renovados para arrepentimiento, crucificando de nuevo para sí mismos al Hijo de Dios y exponiéndole a la ignominia. Porque la tierra que bebe la lluvia que muchas veces cae sobre ella, y produce hierba provechosa a aquellos para los cuales es labrada, participa de la bendición de Dios; pero la que produce espinos y abrojos es reprobada, está próxima a ser maldecida, y su fin es el ser quemada". Algunas personas después de leer los versículos del 6 al 8 concluyen que las personas a las que hace referencia este pasaje no pueden ser salvas. Los versículos 4 y 5 dicen que estos hombres "una vez fueron iluminados y gustaron del don celestial, y fueron hechos partícipes del Espíritu Santo, y asimismo gustaron de la buena palabra de Dios y los poderes del siglo venidero". En estos versículos se mencionan cuatro hechos: (1) una vez fueron iluminados, (2) gustaron del don celestial, (3) fueron partícipes del Espíritu Santo y (4) gustaron de la buena palabra de Dios y los poderes del siglo venidero. Si una persona ha experimentado estas cuatro cosas y cae, "es reprobada, está próxima a ser maldecida, y su fin es el ser quemada" (v. 8). Otros, basándose en este versículo especulan diciendo que el fin de tales es la perdición. Si así fuera el caso, significaría que aunque uno es salvo y ha obtenido la vida eterna, es posible perderla. ¿Cómo entonces, explicamos esto?

Debemos entender claramente de qué habla el libro de Hebreos. Aquí habla acerca de ir adelante. Este progreso abarca dos áreas. En primer lugar, los creyentes deben avanzar, y segundo, uno que enseña también debe avanzar. Los cristianos deben aumentar su conocimiento acerca del Señor y deben avanzar; del mismo modo, aquel que enseña lo debe de hacer de una manera progresiva y no quedarse en el tema de la salvación todo el año, sino que debe pasar a verdades más profundas.

La cumbre de este progreso descrito en Hebreos se halla en los capítulos cinco y seis. En el capítulo cinco, el escritor, hablando de Melquisedec, dice: "Acerca de Él tenemos mucho que decir, y difícil de explicar, por cuanto os habéis hecho tardos para oír" (v. 11). Ellos debían haber crecido, pero lamentablemente, eran niños viejos; debían haber comido alimento sólido y comprender la palabra de justicia, pero todavía necesitaban leche. El capítulo seis se dirige a los que enseñan, quienes también debían haber progresado y no limitarse a estas seis doctrinas: el arrepentimiento de obras muertas, la fe en Dios, la enseñanza de bautismos, la imposición de manos, la resurrección de los muertos y el juicio eterno; debían ya enseñar otros temas. Podemos ver con esto que Hebreos 6:1-8 no habla de la salvación, sino del avance espiritual. Por lo tanto, el enfoque del libro de Hebreos es el progreso, no la salvación. Así que no podemos hablar claramente sobre él, si desconocemos su tema central.

Algunos cristianos no prestan la debida atención a la verdad sobre la iglesia y el reino. Fijan la vista exclusivamente en la salvación y sólo se centran en este tema, pero la Biblia habla no sólo de la salvación, sino también de muchas otras cosas.

Debemos mantenernos en el contexto de Hebreos para pasar a 6:1-8. Este pasaje puede dividirse en tres secciones: (1) los versículos del 1 al 3 forman la primera sección bajo el título de "No es necesario"; (2) los versículos del 4 al 6 constituyen la segunda sección bajo el título de "Es imposible"; y (3) los versículos 7 y 8 conforman la tercera sección bajo el título de "No se debe".

1. No es necesario

Los seis asuntos innecesarios son: (1) el arrepentimiento de obras muertas, (2) la fe en Dios, (3) la enseñanza de diversos bautismos, (4) la imposición de manos, (5) la resurrección de los muertos y (6) el juicio eterno. Se nos ha dicho que no necesitamos echar otro fundamento. Todos estos asuntos son enseñanzas fundamentales y una vez que se ha echado el fundamento, no hay necesidad alguna de volverlo a poner. Cuando se construye una casa, no se echan los cimientos sin levantar algo sobre ellos y después poner otro fundamento. El fundamento ya fue puesto y no es necesario echar otro; debemos avanzar.

2. No se puede

La expresión "una vez" del versículo 4 denota un hecho cumplido. La expresión "otra vez" en la frase "sean otra vez renovados para arrepentimiento" (v. 6) significa lo mismo en griego que la que aparece en "no echando otra vez el fundamento" (v. 1). En griego el término "dejando" del versículo 1 tiene el mismo sentido que "recayeron". La conjunción "y" de los versículos 4 y 5 une los cuatro temas principales así: "una vez fueron iluminados y gustaron del don celestial y fueron partícipes del Espíritu Santo y gustaron de la buena palabra de Dios y los poderes del siglo venidero. Si alguien ha experimentado estos cuatro asuntos, es imposible que renueve su arrepentimiento simplemente por haber caído una vez. Es imposible que crucifique al Hijo de Dios nuevamente y le exponga a ignominia aun si lo desease. Si una persona cae, no significa esto que haya abandonado el curso original que estaba siguiendo; su rumbo todavía es correcto; por lo tanto, no tiene que convertirse otra vez; no puede crucificar al Hijo de Dios nuevamente ni exponerlo a ignominia.

El escritor de la epístola a los Hebreos les dice en los versículos del 1 al 3 que no echen otro fundamento. Sin embargo, alguno entre los hebreos pudo haber respondido: "Si alguno está en la condición que se menciona en los versículos del 4 al 6 y resbala o cae, ¿no debe echar otro fundamento? ¿No debe esta persona renovar su arrepentimiento?" Pablo les explica que aunque la persona se encuentre en la condición mencionada en dichos versículos y peca, no podrá renovar su arrepentimiento.

Este pasaje usa dos veces la expresión "otra vez", una en el versículo 1: "No echando otra vez el fundamento", y la otra en el versículo 6: "Sean otra vez renovados para arrepentimiento". De las seis verdades fundamentales, la primera es el arrepentimiento. En la primera sección, el escritor dice que no hay que echar otra vez el fundamento y en la segunda sección les dice que si alguien cae, no puede otra vez renovar su arrepentimiento ni echar nuevamente el fundamento.

¿Es posible que nazcamos de nuevo y perdamos esa vida? ¿Es posible volver a nacer volviéndonos a arrepentir? El arrepentimiento del versículo 6 es el mismo del versículo 1, el cual es un arrepentimiento básico. No significa que uno no se pueda arrepentir de nuevo, sino que no puede regresar al estado de echar nuevamente el fundamento que fue echado por el arrepentimiento. Esto es crucial. Nótese la expresión "otra vez" en relación con arrepentimiento y con echar otra vez el fundamento del arrepentimiento. No sólo no es necesario echar otro cimiento por el arrepentimiento, sino que es imposible hacerlo.

Este pasaje dice que quien ha recibido tantas bondades del Señor y cae, no necesita arrepentirse otra vez y echar otro fundamento. Sólo nacemos de nuevo una sola vez; uno no tiene que volver a empezar desde el comienzo si se resbala en el camino; sin embargo, muchos piensan que si caen, deben empezar de nuevo, lo cual es un concepto equivocado.

3. No se debe

Los versículos del 1 al 3 denotan que no es necesario; los versículos del 4 al 6 expresan que es imposible, y los versículos

7 y 8 indican que no se debe. Esto muestra que no debemos reiteradas veces, ni debemos pecar como si expusiéramos al Hijo de Dios a la ignominia crucificándole nuevamente. Si lo hacemos, seremos castigados; por lo tanto, no debemos hacer esto.

Algunos piensan que si una persona peca después de ser salva, pierde la salvación. Otros creen que una persona salva jamás será castigada aunque continúe pecando. Ambos conceptos están errados. Dios desea que la persona salva crezca. Devolverse para echar otro cimiento después de que un hombre cae es igual que pedir que los padres de una persona la vuelvan a engendrar simplemente porque ésta se ha portado mal. ¿Qué le sucede a la persona que continúa en el mal y se envuelve en lo que menciona el versículo 6? Obtendrá los siguientes resultados: será reprobado, estará próximo a ser maldecido y a ser quemado.

A. Reprobado

La palabra "reprobado" también aparece en 1 Corintios 9:27. Pablo dijo que él golpeaba su cuerpo y lo sometía a servidumbre para que, habiendo predicado a otros, no llegara él mismo a ser reprobado. Todos sabemos que Pablo era salvo, pero él temía perder la corona y no entrar al reino.

¿Qué significa ser reprobado por Dios? Por ejemplo una bicicleta recién comprada está en perfecto estado y es útil, pero al dañarse y oxidarse con el tiempo, queda inservible. No quiere decir que la bicicleta dejó de existir, sino que es reprobada y desechada por no servir. Cuando Dios nos reprueba, ello no significa que no tengamos vida eterna y que no seamos salvos; simplemente quiere decir que Dios nos ha puesto a un lado y no le somos útiles. El castigo que Dios inflige al creyente que peca consiste en excluirlo de la gloria y echarlo a las tinieblas de afuera para que no tenga ninguna porción en el reino. A esto se refiere Mateo 25:30.

B. Estar próximo a ser maldecido

Estar próximo a ser maldecido no significa ser maldito. Estar próximo a ser maldecido es sentirse bajo maldición, no es ser maldito. Este versículo no habla ni del grado ni de las clases de castigo sino de que los creyentes y los incrédulos serán castigados, y por eso se usa la expresión "estar próximo a ser maldecido".

Por lo tanto, debemos tener mucho cuidado. No piense que no importa que tan mal se conduzca un creyente, ya que no será castigado. Debemos recordar que "estar próximo a ser maldecido" quiere decir que habrá un castigo.

C. Su fin es el ser quemado

Este es el fuego que se menciona en 1 Corintios 3:15. El fuego de Dios consumirá toda la conducta y las acciones de la persona a la que alude ese pasaje. Este hombre es como un cesto de basura vivo en donde se hallan muchas inmundicias escondidas que sólo pueden ser purificadas pasando por fuego.

Así que, por un lado, nos regocijamos, y por otro, nos debe servir de advertencia. Somos salvos, pero si no hacemos el bien, seremos castigados. Aunque este castigo no es eterno, no participaremos del reino milenario.

Resumamos, entonces, lo anterior. Hebreos 6:1-3 nos dice que no necesitamos echar otra vez el fundamento; los versículos del 4 al 6 dicen que no podemos hacer tal cosa. Un creyente debe levantarse desde donde ha caído y no puede renovar su arrepentimiento. Los versículos 7 y 8 muestran que no está bien que hagamos el mal. Si la persona persiste en hacer el mal, definitivamente será castigada.

Pregunta cuarenta y siete

HEBREOS 10:26

En Hebreos 10:26 dice: "Porque si pecamos voluntariamente después de haber recibido el conocimiento de la verdad, ya no queda sacrificio de toros y machos cabríos por los pecados" ¿Qué significa este versículo?

RESPUESTA

¿Qué significa la frase "ya no queda sacrificio de toros y machos cabríos por los pecados"? Algunos pueden decir: "Si peco voluntariamente, después de haber recibido el conocimiento de la verdad, ya no seré salvo. Es cierto que Dios envió a Su Hijo a morir por mí, y que El llevó mis pecados para que al creer yo en El sea salvo, pero si peco voluntariamente, según Hebreos 10:26, ya no queda ningún sacrificio por el pecado y pierdo la salvación. Esto no sólo se menciona en el versículo 26 sino también en el 27, donde dice: 'Sino una terrible expectación de juicio, y de hervor de fuego que ha de devorar a los adversarios'. Así que si peco intencionalmente, sólo me esperan dos cosas: el juicio y el fuego que consume a los adversarios. Este es el infierno y la condenación. De acuerdo con la Biblia si peco voluntariamente ya no queda sacrificio por los pecados, y sólo me espera el juicio y el hervor de fuego que devorará a los adversarios; por lo tanto, no puedo ser salvo". Los que así razonan, piensan que este pasaje está dirigido a los creyentes y que si el creyente peca voluntariamente, no puede ser salvo. Debemos leer detenidamente este pasaje y descubrir si los que pecan voluntariamente son los creyentes o los incrédulos. También debemos tener en cuenta lo que significa pecar voluntariamente y ver si se refiere a pecar en general o a un pecado en particular.

Cuando pecamos voluntariamente después de haber recibido el conocimiento de la verdad, el resultado es "una terrible expectación de juicio, y de hervor de fuego que ha de devorar a los adversarios". Las personas a las que aquí se alude no son las mismas de Hebreos 6:4, las cuales "fueron una vez iluminadas y gustaron del don celestial". "La verdad" de la cual se habla en Hebreos 10:26 es la redención que el Señor Jesucristo llevó a cabo una sola vez y para siempre. Ciertas personas están informadas acerca de la muerte del Señor Jesús, el derramamiento de Su sangre y la razón por la cual Su cuerpo fue partido; saben que el hombre entra al Lugar Santísimo mediante la sangre del Señor Jesús y es aceptado por Dios y saben que la obra redentora fue efectuada y está vigente ahora y para siempre y que el sacrificio fue ofrecido una sola vez y para siempre. Ya no queda sacrificio por los pecados para esta clase de personas, que pecan voluntariamente después de que han conocido tales verdades.

Supongamos por un momento que este pasaje se refiere al creyente, quien después de haber recibido el conocimiento de la verdad y de entender todas las doctrinas mencionadas, cae en tentación y miente, roba o va a lugares adonde no debe. Puesto que sabe que todas estas cosas están equivocadas y continua haciéndolas, peca voluntariamente y no puede ser salvo. Si éste fuera el caso, ¿podría alguien ser salvo? En Romanos 7 Pablo dice: "Pues no practico lo que quiero, sino lo que aborrezco, eso hago ... Porque no hago el bien que quiero, sino el mal que no quiero, eso practico ... ¡Miserable de mí! ¿quién me librará del cuerpo de esta muerte?" (vs. 15, 19, 24) ¿No muestran estos versículos que Pablo sabía con claridad que debía hacer el bien y no lo hacía, pero hacía las cosas que aborrecía? Pedro negó al Señor tres veces ante la presencia de una criada o sea que el mintió (Mt. 26:69-75). ¿No sabía Pedro que mentir era pecado? Teniendo esto presente "pecar voluntariamente" no significa pecar a sabiendas de que tal acto es pecado; esto también se puede demostrar de una manera indirecta. Leamos Hebreos 10:26-29: "Porque si pecamos voluntariamente después de haber recibido el conocimiento de la verdad, ya no queda sacrificio de toros y machos cabríos por los pecados, sino una terrible expectación de juicio, y de hervor de fuego que ha de devorar a los adversarios. El que desecha la ley de Moisés, por el testimonio de dos o tres testigos es condenado a muerte sin compasión. ¿Cuánto mayor castigo pensáis que merecerá el que pisotee al Hijo de Dios, y tenga por común la sangre del pacto por la cual fue santificado, y ultraje al Espíritu de gracia?"

¿Qué significa "pecar voluntariamente" en el versículo 26? Es cometer los tres actos que se mencionan en el versículo 29: (1) Pisotear al Hijo de Dios, (2) tener por común la sangre del pacto por la cual ha sido santificado y (3) ultrajar al Espíritu de gracia. En resumen, esto significa rechazar la salvación. Aunque esta persona haya oído que la Palabra de Dios dice que Jesús es el Hijo de Dios, que la sangre preciosa del Cordero sin mancha fue derramada para remisión de los pecados y que el Espíritu Santo lleva al hombre al arrepentimiento y le da vida eterna, aun así, afirma que Jesús es un bastardo, que murió como un mártir y que Su sangre es tan común y corriente como la de los demás y no cree que Dios imparta la obra consumada de Jesucristo en uno, ni que el hombre pueda nacer de nuevo. La Biblia declara lo siguiente en cuanto a esta clase de personas: "Ya no queda sacrificio de toros y machos cabríos por los pecados".

¿Qué significa la expresión "ya no queda sacrificio de toros y machos cabríos por los pecados"? "Ya no queda" indica que una vez lo hubo; por eso debemos poner mucha atención a la palabra "no queda". Leamos entonces los siguientes versículos:

En Hebreos 7:27 dice: "No tiene necesidad cada día, como aquellos sumos sacerdotes, de ofrecer primero sacrificios por sus propios pecados, y luego por los del pueblo; porque esto lo hizo *una vez* para siempre, ofreciéndose a Sí mismo".

En Hebreos 9:12 dice: "Y no por sangre de machos cabríos ni de becerros, sino por Su propia sangre, entró *una vez* para siempre en el Lugar Santísimo, obteniendo así eterna redención".

En Hebreos 9:25-28 leemos: "Y no para ofrecerse *muchas veces*, como entra el sumo sacerdote en el Lugar Santísimo año tras año con sangre ajena. De otra manera le hubiera sido necesario padecer *muchas veces* desde la fundación del mundo; pero ahora *una sola vez* en la consumación de los siglos se ha manifestado para quitar de en medio el pecado por el sacrificio de Sí mismo ... Así también Cristo fue ofrecido *una sola vez* para llevar los pecados de muchos".

En Hebreos 10:2 vemos: "De otra manera, ¿no habrían cesado de ofrecerse, por *no tener ya* los adoradores, una vez purificados, conciencia de pecado?"

Hallamos en Hebreos 10:10-12: "Por esa voluntad somos santificados mediante la ofrenda del cuerpo de Jesucristo hecha *una vez para siempre*. Y todo sacerdote está de pie, día tras día, ministrando y ofreciendo *muchas veces* los mismos sacrificios, que nunca pueden quitar los pecados; Este, en cambio, habiendo ofrecido *un solo* sacrificio por los pecados, se ha sentado para siempre a la diestra de Dios".

Después de leer estos pasajes, debemos preguntarnos: ¿Por qué se ofreció el Señor Jesús una sola vez y no varias? En el libro de Hebreos del capítulo siete en adelante se repite constantemente la comparación entre el sacrificio del Señor Jesús y los sacrificios del Antiguo Testamento. El Señor Jesús se ofreció a Sí mismo una sola vez y llegó a ser el sacrificio eterno por los pecados, mientras que los sacrificios del Antiguo Testamento eran sacrificios de toros y machos cabríos que se ofrecían año tras año. En el Antiguo Testamento cuando un hombre cometía una transgresión la primera vez, tenía que ofrecer un buey, un cordero, dos tórtolas o dos palominos como ofrenda por el pecado, Si pecaba una segunda vez, tenía que ofrecer otra ofrenda por el pecado como expiación y si pecaba una tercera vez, tenía que volver a presentar la ofrenda por el pecado. Todo individuo tenía que hacer esto, y toda la congregación de Israel tenía que presentar la ofrenda de pecado cada año el día de la expiación.

¿Por qué se hacían las ofrendas de los toros y machos cabríos todos los años? Porque la sangre de estos animales no podía quitar los pecados del hombre. Tenía que hacerse una ofrenda por las transgresiones del año anterior y otra por las del año en curso. Pero mediante el Espíritu *eterno*, Jesucristo se ofreció a Sí mismo a Dios y llegó a ser el sacrificio por los pecados *para siempre*, a fin de que quienes estamos siendo santificados, seamos perfeccionados *para siempre*.

Por lo tanto, Hebreos 10 dice que quienes han oído la

verdad y pecan voluntariamente, desechan la sangre del Hijo de Dios, rechazan al Espíritu Santo y menosprecian al Hijo de Dios, y por ellos "ya no queda sacrificio de toros y machos cabríos por los pecados". Si una persona, del Antiguo Testamento perdía la oportunidad de ofrecer la expiación en un año dado, podía hacerlo el año siguiente. Pero hoy si una persona rechaza a Cristo "ya no queda sacrificio de toros y machos cabríos por los pecados". La ofrenda por el pecado del Antiguo Testamento ya no existe y carece de efecto. Si la persona conoce la verdad y la rechaza, entonces "ya no queda sacrificio de toros y machos cabríos por los pecados" de esa persona. En Hechos 4:12 dice que "en ningún otro hay salvación". Dios realizó la obra completa de salvación al enviar al Señor Jesucristo a cumplir la obra de redención y ser nuestro Salvador; El cumplió hasta el final y no puede añadir nada más a Su obra. Por esa razón, El dio la oportunidad de que el hombre oiga el evangelio y conozca la verdad. Si una persona continúa rechazando todo esto y peca voluntariamente, la Biblia dice que ya no hay ninguna esperanza para él y su final no es otro que "una terrible expectación de juicio, y de hervor de fuego que ha de devorar a los adversarios".

El final de aquellos a quienes se alude en Hebreos 6:1-8 es estar próximos a ser maldecidos, pero el final de las personas de las que habla Hebreos 10:26-29 es el hervor de fuego que ha de devorar a los adversarios. Es muy difícil aplicar Hebreos 10:26-29 a los creyentes. Esta porción de la Palabra se debe de referir a quienes conocen el evangelio pero lo rechazan adrede, para los cuales no queda ninguna salvación. Si éste no fuera el caso, ¿por qué se usa la expresión "ya no queda"? ¿Por qué dice "ya no queda sacrificios de toros y machos cabríos por los pecados"? ¿Por qué se usa "una vez" repetidamente en los versículos anteriores? Si unimos "ya no queda" y "una vez" en estos versículos, podremos entender su verdadero significado.

PREGUNTA CUARENTA Y OCHO

LAS DIFERENTES CLASES DE PERDON

¿Cuántas clases de perdón otorga Dios según la Biblia? ¿Cómo explicamos estas diferentes clases de perdón?

RESPUESTA

Debemos recordar que las consecuencias del pecado determinan la clase de perdón que incluye. Hay por lo menos cinco consecuencias del pecado:

(1) Ser condenado eternamente.

(2) Ser separado del pueblo de Dios. Si un israelita en el Antiguo Testamento pecaba, era cortado del pueblo de Israel. En el Nuevo Testamento también tenemos esas palabras: "Quitad a ese perverso de entre vosotros" (1 Co. 5:13).

(3) Se interrumpe la comunión con Dios.

(4) Si el pecado no es quitado de en medio, Dios lo castigará.

(5) Si uno no abandona el pecado, el Señor lo castigará cuando venga a reinar en el milenio, y la posición de uno se verá afectada por causa del pecado.

La cuarta consecuencia que mencionamos es el castigo infligido en esta era; y la quinta, es el castigo ejecutado en la era venidera. La Biblia dice: "No le será perdonado, ni en este siglo ni en el venidero" (Mt. 12:32). "Siglo" en este versículo nos da una clara indicación que mientras algunos pecados son perdonados en esta era, otros pecados serán perdonados en la era venidera.

Ya que los pecados tienen cinco posibles consecuencias, debe de haber cinco clases de perdón. Porque si hubiera solamente tres clases de perdón, ¿que sucedería con las otras dos consecuencias del pecado? Y si hubiera solamente cuatro clases de perdón, ¿que pasaría con la restante consecuencia del pecado? Muchos enseñan erróneamente que hay solamente una clase de juicio. A esto se debe que haya tanta confusión. Si no entendemos claramente lo relacionado con las cinco clases de perdón, no sabremos que hacer en muchas situaciones.

¿Cuáles son las cinco clases de perdón? Primero, las mencionaremos brevemente y luego las examinaremos en detalle una por una.

(1) El perdón eterno que Dios concede. (Se relaciona con la salvación eterna.)

(2) El perdón que se recibe mediante el pueblo de Dios. (Se relaciona con los problemas que surjan en la comunión entre los hijos de Dios. Este perdón puede considerarse el perdón que Dios otorga mediante una persona o mediante la iglesia.)

(3) El perdón que restaura la comunión. (Se relaciona con los problemas que surjan en nuestra comunión con Dios.)

(4) El perdón que se relaciona con la disciplina de Dios. (Tiene que ver con la manera en que Dios disciplina a Sus hijos.)

(5) El perdón del reino. (Se relaciona con el perdón concedido en el milenio.)

Expliquemos estas cinco clases de perdón separadamente.

1. El perdón eterno que Dios otorga

Este perdón se relaciona con la salvación eterna del hombre y aunque es eterno, se puede conceder a los pecadores en esta era. ¿En qué se basa este perdón? Hebreos 9:22 dice: "Y sin derramamiento de sangre no hay perdón". Mateo 26:28 dice: "Porque esto es Mi sangre del pacto, que por muchos es derramada para perdón de pecados". Este versículo indica que el perdón eterno se basa en la sangre del Señor Jesús. No importa cuán grave sea el pecado, la sangre del Señor Jesús lo perdona. Sin embargo, este perdón no es gratuito, pues Dios no puede perdonar gratuitamente debido a que "sin derramamiento de sangre no hay perdón". Cuando Dios perdona nuestros pecados, no significa que sea indulgente. Dios siempre condena el pecado. El sólo nos puede perdonar porque nuestros pecados fueron juzgados en Cristo. El Señor Jesús murió, derramó Su preciosa sangre y pagó el precio. Por lo tanto, el perdón de Dios es justo. Tenemos a un Salvador que murió por nosotros y por eso, lo único que Dios puede hacer es perdonarnos.

La razón por la cual nuestros pecados pueden ser perdonados es que el Cordero de Dios quitó de en medio nuestros pecados y la sangre de Jesús, el Hijo de Dios, nos limpió de todos los pecados. El perdón que recibimos se basa en la sangre del Señor Jesús y lo obtenemos mediante la fe (Hch. 10:43; 13:39). No piensen que fuimos perdonados porque nos arrepentimos de nuestros pecados pasados y porque resolvimos no volver a pecar. La Palabra de Dios dice que nuestros pecados son perdonados por la sangre del Señor Jesús. Si creemos en la sangre del Señor Jesús, veremos que El cargó con todos ellos, y por ende, nosotros somos perdonados.

¿Es el perdón de nuestros pecados para el presente o para el futuro? Leamos 1 Juan 2:12: "Os escribo a vosotros, hijitos, porque vuestros pecados os han sido perdonados por causa de Su nombre". Nótese que dice: "Han sido perdonados"; no dice: "Serán perdonados" ni "han de ser perdonados". ¡Aleluya, fueron perdonados! Cuando creemos en el Señor Jesús, nuestros pecados son perdonados. La Palabra de Dios dice: "Hijitos ... vuestros pecados os han sido perdonados por causa de Su nombre". Si Dios dice que fuimos perdonados, entonces fuimos perdonados, pues El no miente.

2. El perdón concedido mediante el pueblo de Dios

En Juan 20:23 hallamos: "A quienes perdonáis los pecados, les son perdonados; y a quienes se los retenéis, les son retenidos" ¿No les parece extraño el perdón del que habla este versículo? ¿Significa esto que los apóstoles tienen autoridad para perdonar pecados aquí en la tierra? Si no entendemos el significado de este versículo, no podremos refutar la autoridad del Papa. Sólo Dios tiene la potestad para concedernos el perdón, en lo que a la salvación se refiere. Si usted va a Pedro, y él no le perdona, ¿significa que usted no es salvo? No, porque la salvación y el perdón dependen exclusivamente de la sangre del Señor Jesús. Entonces ¿a qué se refiere el perdón mencionado en este versículo? Se refiere a la declaración que la iglesia hace bajo la dirección del Espíritu Santo y se basa en el entendimiento que la iglesia tiene del perdón que una persona ha recibido ante Dios. Debemos notar que dice: "A quienes [vosotros] perdonáis", no dice: "A quienes [tú] perdones". Por estar en plural y no en singular, entendemos que es un perdón corporativo, no privado. Es la iglesia, no un individuo, quien otorga el perdón. "A quienes perdonáis los pecados" indica que la iglesia declara que los pecados de cierta persona han sido perdonados y es salva. Algunos pueden venir a la iglesia y declarar: "He oído el evangelio y he creído, quiero que me reciban, me bauticen y me permitan partir el pan como los demás discípulos". Los hermanos tienen que saber si los pecados de ese individuo han sido perdonados para poder recibirle. Si los hermanos saben que los pecados de aquél han sido perdonados ante Dios y que es un hijo de Dios, pueden declarar que él fue perdonado y salvo y lo pueden recibir. Si los hermanos no tienen claridad en su interior, no pueden dar testimonio en favor de él; por lo tanto, no lo pueden recibir. El perdón de la iglesia se basa en el perdón de Dios; la iglesia simplemente declara lo que Dios ya hizo, y Dios proclama por medio de la iglesia la condición del individuo ante Él.

Debemos prestar atención al versículo 22 ya que precede al versículo 23, sólo en esta secuencia podemos entender. El versículo 22 dice: "Y habiendo dicho esto, sopló en ellos, y les dijo: Recibid el Espíritu Santo". La iglesia determina si los pecados de alguien ya fueron perdonados, basándose en el poder y la dirección del Espíritu Santo, no en una opinión personal. Si una persona es salva, y la iglesia no está segura y le pide que espere un poco, esto no afecta su perdón ante Dios. Por ejemplo, cuando Pablo fue salvo y fue a Jerusalén, él deseaba reunirse con los discípulos, pero ellos aún le tenían miedo y no creían que él hubiese creído en el Señor Jesús y fuera un discípulo. Pero cuando Bernabé lo llevó consigo y contó cómo Pablo era en realidad un discípulo, pudo moverse libremente por Jerusalén (Hch. 9:26-28). Por lo tanto, la iglesia no puede perdonar ni retener los pecados de alguien directamente; sólo declara que los pecados ya fueron perdonados ante Dios o no, y decide si la persona puede tener comunión con los discípulos.

3. El perdón que restaura la comunión

En 1 Juan 2:1-2 dice: "Hijitos míos, estas cosas os escribo para que no pequéis; y si alguno peca, tenemos ante el Padre un Abogado, a Jesucristo el Justo. Y El mismo es la propiciación por nuestros pecados; y no sólo por los nuestros, sino también por los de todo el mundo". En 1 Juan 1:9 dice: "Si confesamos nuestros pecados, El es fiel y justo para perdonarnos nuestros pecados, y limpiarnos de toda injusticia". Debemos entender el énfasis del evangelio de Juan y de la primera epístola de Juan. El evangelio de Juan muestra el evangelio entre los hombres, mientras que su primera epístola presenta el evangelio según el corazón de Dios. El evangelio de Juan tiene dos delineamientos: la gracia y la verdad. Cuando se menciona la gracia, también se menciona la verdad. En la primera epístola de Juan también se notan dos delineamientos: Dios es amor y Dios es luz. Por un lado, se habla del amor, y por otro, de la luz. ¿Qué relación existe entre la gracia y la verdad y entre el amor y la luz? El amor está en el corazón de Dios y cuando se expresa entre los hombres, lo hace como gracia. La luz está en el corazón de Dios y cuando se expresa entre los hombres, lo hace como verdad. El evangelio de Juan trae a Dios al hombre, mientras que 1 Juan lleva al hombre a Dios. El evangelio de Juan habla de la vida, la salvación, la vida eterna, entre otros temas, mientras que 1 Juan habla de la comunión con Dios y el acceso a El. Al comienzo, la primera epístola de Juan habla de la comunión, y los capítulos uno y dos se refieren al perdón que se tiene en esta comunión.

Existen dos clases de relaciones entre Dios y nosotros. Una que jamás se rompe y es la relación que se establece cuando somos salvos y nos convertimos en hijos de Dios. ¿Acaso deja uno de ser hijo de su padre por su comportamiento? No. Si un hijo no desea ser hijo de su padre, ¿dejará por eso de serlo? No. Si un padre niega a su hijo, ¿deja el hijo de ser hijo? No. ¿Puede alguien, aun Satanás, anular este hecho de que usted sea hijo de sus padres? No. Con todo respeto podemos decir que ni aun Dios puede negar este hecho. Por lo tanto, después de que una persona es regenerada y llega a ser hijo de Dios, nadie puede quebrantar esta relación, y jamás será cortada.

No obstante, hay otra clase de relación que puede interrumpirse, y ésta es la comunión. Por ejemplo, aunque uno es hijo de su padre, si hace algo malo, uno teme que él lo reprenda. Cuanto más grave sea la falta, más temor tendrá de encontrarse con su padre. Aunque la relación filial no puede ser cortada, la comunicación entre padre e hijo será interrumpida. El caso es el mismo en nuestra relación con Dios. Después de ser salvos, existe la posibilidad de que cometamos pecados, y cada vez que lo hagamos, la comunión con Dios se interrumpirá inmediatamente. A fin de restaurarla, nuestros pecados deben ser perdonados. Si pecamos, debemos, según 1 Juan 1:9, confesar nuestros pecados. Debemos decir: "Oh, Dios, me equivoqué en este asunto. Por favor perdóname". Después de hacer esta confesión, nuestra comunión con Dios puede ser restaurada.

¿Por cuál medio somos purificados de nuestros pecados? Somos purificados por la sangre. Muchos cristianos, en vez de lavar sus pecados con la sangre tratan de usar tiempo. ¿Y cómo hacen esto? Muchos están en sus sentimientos negativos por varios días, porque piensan que Dios no puede perdonarlos muy rápido. Después de cinco o diez días cuando su corazón está en paz, piensan que ya no tienen pecado. Ellos tratan de lavar sus pecados usando cinco o diez días en vez de aplicar la sangre. Tenemos que recordar que el perdón de los pecados es por medio de la sangre, no por olvidarnos de ellos. No somos perdonados porque nos olvidamos de nuestros pecados, sino más bien porque la sangre de Su Hijo nos limpia de todo pecado. Dios puede perdonarnos sólo cuando estamos bajo la sangre.

Una vez alguien le preguntó a un niño qué debería hacer una persona si ha pecado. El niño le contestó: "Él debe hacer dos cosas. Primero debe sentirse arrepentido por varios días, y luego debe ser perdonado." La teología de este niño es la teología de muchos. Y también es la teología de muchas personas que son mayores. Parece que solamente si sufrimos lo suficiente seremos perdonados. De otra manera, no seremos perdonados. Hermanos y hermanas, aun si uno sufre por muchos días, no puede ganarse ni el uno por ciento del perdón. Por que tener un corazón arrepentido y penitente cuando el perdón no depende de nuestro dolor. Más bien, depende de la sangre de Jesús, quien nos salvó. Si confesamos nuestros pecados Dios nos perdonará por medio de la sangre del Señor, y la comunión entre Dios y nosotros será restaurada.

4. El perdón relacionado con la disciplina de Dios

Este punto tiene mucho que ver con la manera en que Dios se relaciona con Sus hijos. ¿Qué es la administración de Dios? Es la manera en que El se relaciona con el hombre. Examinemos algunos pasajes de las Escrituras.

En el segundo libro de Samuel 22:26-27 dice: "Con el misericordioso te mostrarás misericordioso, y recto para con el hombre íntegro. Limpio te mostrarás para con el limpio, y rígido serás para con el perverso". Estos versículos muestran la administración de Dios. El nos trata según nuestra conducta. Leemos en Gálatas 6:7-8: "No os engañéis; Dios no puede ser burlado: pues todo lo que el hombre siembre, eso también segará. Porque el que siembra para su carne, de la carne segará corrupción; mas el que siembra para el Espíritu, del Espíritu segará vida eterna". Esto también nos muestra el principio por el que Dios se relaciona con el hombre. El que siembre para su carne, de su carne segará corrupción, mas el que siembre para el Espíritu, del Espíritu segará vida eterna. Pecar no sólo hace que aparezca una falta más en la lista ante Dios, sino que trae como consecuencia el sufrimiento. La cuenta de los pecados puede ser borrada por Dios, pero las consecuencias no se pueden evitar. Por ejemplo, un niño puede desobedecer a su madre robándole dulces. Si está dispuesto a arrepentirse, el robo puede ser perdonado, pero sus dientes se deteriorarán. Los pecados de los hijos de Dios son perdonados, pero todavía quedan las consecuencias. Recibimos la vida eterna tan pronto como creemos, y obtenemos el perdón que restaura nuestra comunión tan pronto como nos arrepentimos, pero las consecuencias, el castigo de Dios, pueden ser muy difíciles de sobrellevar.

Por ejemplo, Sansón era un juez, pero más tarde cayó y fue maltratado por los filisteos. Al final clamó a Jehová diciendo: "Señor Jehová, acuérdate ahora de mí, y fortaléceme, te ruego, solamente esta vez, oh Dios, para que de una vez tome venganza de los filisteos por mis dos ojos" (Jue. 16:28). Aunque mató más enemigos al morir que los que había eliminado durante su vida, sus ojos jamás fueron restaurados. Aunque le creció el cabello nuevamente y la comunión entre él y Dios fue restaurada, jamás recobró su ministerio como juez.

En 2 Samuel 11 y 12 se relatan los dos pecados más viles de David: el adulterio y el homicidio. Después de que David cometió estos pecados, Dios envió al profeta Natán para reprenderle y juzgó estos pecados con mucha severidad diciendo: "Por lo cual ahora no se apartará jamás de tu casa la espada, por cuanto me menospreciaste, y tomaste la mujer de Urías heteo para que fuese tu mujer ... He aquí yo haré levantar el mal sobre ti de tu misma casa, y tomaré tus mujeres delante de tus ojos, y las daré a tu prójimo, el cual yacerá con tus mujeres a la vista del sol. Porque tú lo hiciste en secreto; mas yo haré esto delante de todo Israel y a pleno sol" (12:10-12). Estas fueron las consecuencias, el castigo que Dios impuso a David. Aunque confesó su pecado y Natán le dijo: "También Jehová ha remitido tu pecado", el tenía que sufrir el castigo de Dios. David confesó sus pecados ante Dios y fue perdonado Su comunión con Dios fue restaurada, pero el castigo venía después del perdón. El sólo mató a una persona, a Urías, pero cuatro de sus hijos murieron (el primero que tuvo con Betsabé, Ammón, Absalón y Adonías). Esto fue obra de la justicia de Dios. Si entendemos esto, no nos atreveremos a pecar. Dios tenía que vindicarse demostrando que estaba disgustado con la conducta de David. Si Dios no lo hubiera castigado, se habría dicho que Jehová estaba complacido con los pecados cometidos por David. Dios podía perdonar a David, pero tenía que manifestar Su abominación por el pecado. Notemos el hecho de que si pecamos contra un hermano o una hermana o alguna otra persona, debemos resolver el asunto.

En Jacobo 5:14-15 leemos: "¿Está alguno enfermo entre vosotros? Llame a los ancianos de la iglesia, y oren por él, ungiéndole con aceite en el nombre del Señor. Y la oración de fe salvará al enfermo, y el Señor lo levantará; y si ha cometido pecados, le serán perdonados". El perdón que se describe en estos versículos es el perdón relacionado con la disciplina de Dios. Si fuera el perdón eterno, no se podría recibir mediante la oración de fe hecha por otra persona. Tampoco es el perdón que restaura la comunión con Dios, porque éste se obtiene tan pronto como uno confiesa los pecados. El perdón relacionado con la disciplina requiere que se llame a los ancianos de la iglesia para que oren por la persona. Si el Señor les da la fe para orar por tal persona, ésta será sana.

En Isaías 53:5 dice: "Mas él herido fue por nuestras rebeliones, molido por nuestros pecados; el castigo de nuestra paz fue sobre él, y por su llaga fuimos nosotros curados". Este versículo abarca cuatro aspectos, el primero tiene que ver con la conducta, el segundo, con la condición de uno ante Dios, el tercero, con el cuerpo, y el cuarto se expresa en una frase: "El castigo de nuestra paz fue sobre él". Según el castigo que Dios impone, éste continuará aún después de que la persona se haya arrepentido. Sin embargo, el Señor, ya recibió el castigo que nos correspondía a nosotros porque el castigo es parte de la crucifixión del Señor. Por consiguiente, podemos pedirle a Dios que nos absuelva de nuestro castigo porque el Señor ya fue castigado en nuestro lugar.

En Jacobo 4:7 dice: "Estad sujetos, pues, a Dios; resistid al diablo, y huirá de vosotros". Y en 1 Pedro 5:6-10 dice: "Humillaos, pues, bajo la poderosa mano de Dios, para que El os exalte a su debido tiempo; echando toda vuestra ansiedad sobre El, porque El se preocupa por vosotros. Sed sobrios, y velad. Vuestro adversario el diablo, como león rugiente, anda alrededor buscando a quien devorar; al cual resistid firmes en la fe, sabiendo que los mismos padecimientos se van cumpliendo en la hermandad vuestra que está en el mundo. Mas el Dios de toda gracia, que os llamó a Su gloria eterna en Cristo Jesús, después que hayáis padecido un poco de tiempo, El mismo os perfeccione, confirme, fortalezca y cimente". Cada vez que somos disciplinados, debemos someternos bajo la poderosa mano de Dios y decirle: "No rechazaré lo que Tú me das, pues merezco lo que estás haciendo conmigo". Pero al diablo lo debemos resistir porque tan pronto como nos descuidemos, él vendrá y nos traerá más sufrimientos. Cuando el Señor nos azote, el diablo también tratará de azotarnos; por lo tanto, debemos resistir al diablo. Solamente cuando nos sometemos bajo el castigo de Dios, podemos resistir al diablo. Así que por un lado, debemos someternos a Dios, y por otro, ejercitar nuestra voluntad cada día para resistir al diablo, proclamando que rechazamos la enfermedad o la debilidad.

5. El perdón del reino

En cuanto al perdón del reino, Mateo 18:21-35 dice: "Entonces se le acercó Pedro y le dijo: Señor, ¿cuántas veces pecará mi hermano contra mí y yo le tendré que perdonar? ¿Hasta siete? Jesús le dijo: No te digo hasta siete, sino hasta setenta veces siete. Por lo cual el reino de los cielos es semejante a un rey que quiso hacer cuentas con sus siervos. Y comenzando a hacer cuentas, le fue presentado uno que le debía diez mil talentos. Como no tenía con qué pagar, mandó el señor que fuera vendido él, su mujer y sus hijos, y todo lo que tenía, para que se le pagase la deuda. Entonces aquel siervo, postrado, le adoró, diciendo: Ten paciencia conmigo, y yo te lo pagaré todo. El señor de aquel esclavo, movido a compasión, le soltó y le perdonó la deuda. Pero saliendo aquel siervo, halló a uno de sus consiervos, que le debía cien denarios; y asiendo de él, le ahogaba, diciendo: Págame lo que me debes. Entonces su consiervo, cayendo a sus pies, le rogaba, diciendo: Ten paciencia conmigo, y yo te lo pagaré. Mas él no quiso, sino que fue y le echó en la cárcel, hasta que pagase la deuda. Viendo sus consiervos lo que pasaba, se entristecieron mucho, y fueron y explicaron a su señor todo lo que había pasado. Entonces, llamándole su señor, le dijo: Siervo malvado, toda aquella deuda te perdoné, porque me rogaste. ¿No debías tú también tener misericordia de tu consiervo, como yo tuve misericordia de ti? Entonces su señor, enojado, le entregó a los verdugos, hasta que pagase todo lo que le debía. Así también Mi Padre celestial hará con vosotros si no perdonáis de corazón cada uno a su hermano".

Si no podemos diferenciar entre las varias clases de perdón al leer las Escrituras, encontraremos muchas dificultades. Si no distinguimos en este pasaje la clase de perdón de que se habla, podríamos pensar que nuestro Padre celestial anula el perdón eterno y que podemos dejar de ser salvos. Notemos que este pasaje no habla de las cuatro clases de perdón que ya describimos, sino del perdón del reino, que recibiremos cuando el Rey haga cuentas con Sus siervos (v. 23). En cuanto a la iglesia, Dios habla de la gracia y todo depende de lo que el Señor ya realizó y de la forma cómo se relaciona con el hombre. En cuanto al reino, El habla de responsabilidad, de la manera en que somos adiestrados ante Dios. En cuanto al reino, el juicio futuro dependen de la vida que llevemos hoy. Estos versículos no se relacionan con la salvación eterna sino que muestran la responsabilidad que tendremos en el reino de los cielos y el reino milenario.

Hay varias parábolas que aluden al reino en los cuatro evangelios, una de las cuales se encuentra en Mateo 18:21-35 y trata de un rey que hace cuentas con sus siervos. Uno le debía diez mil talentos pero no tenía los medios para pagar. Sin embargo, le rogó a su amo que tuviera paciencia con él y le pagaría más tarde. El amo tuvo compasión y le perdonó la deuda, pero este siervo salió y encontró a uno de sus consiervos que le debía cien denarios, y en vez de perdonarle, le echó en la cárcel hasta que pagase lo que le debía. Los demás siervos le contaron a su amo lo que había sucedido, y el amo le dijo: "¿No debías tú también tener misericordia de tu consiervo, como yo tuve misericordia de ti?" Y el Señor añadió, como explicación: "Así también Mi Padre celestial hará con vosotros si no perdonáis de corazón cada uno a su hermano". Este pasaje explica lo que es el perdón del reino, el cual no se obtiene por ser creyente, sino por perdonar a otros. La primera clase de perdón se recibe al creer en el Señor Jesús; la segunda se recibe mediante la declaración de la iglesia; la tercera se recibe al confesar los pecados a Dios; la cuarta se recibe cuando Dios ve que el tiempo del castigo se ha cumplido y quita la vara de castigo; y la quinta se obtiene solamente cuando uno perdona de todo corazón.

Sabemos que la vida y obra de los creyentes en la tierra será juzgada en el futuro. Primero el Señor recibirá en el aire a quienes hayan vencido y estén preparados. Después de que todos los cristianos sean arrebatados, cada uno será juzgado ante el tribunal de Cristo. Este juicio no determina la salvación sino si uno merece participar del reino. Para aquellos que cumplan los requisitos, este será el momento de establecer su posición en el reino. Hay dos peligros que se enfrentan ante el tribunal: (1) No entrar al reino por no ser hallado digno y (2) poder entrar en el reino en una condición inferior.

¿Cómo llevará a cabo Dios este juicio? La recompensa que Dios nos da es el reino, y la obtendremos según nuestro comportamiento. Aunque no somos salvos por nuestro buen comportamiento, necesitamos una buena conducta para recibir el galardón. La salvación se obtiene por la fe, pero el galardón se recibe según las buenas obras.

En una ocasión un hermano dijo: "Pido a Dios que lave con la sangre del Señor todas las lágrimas que he derramado dolido por mi pecado. Necesito pedirle a Dios que lave con la sangre del Señor, el arrepentimiento que yo siento por mi pecado". Cuando comparezcamos ante el tribunal, los ojos de fuego del Señor examinarán nuestra vida y obra desde el día en que fuimos salvos hasta ese mismo día. Probablemente, en ese momento, muy pocas cosas serán juzgadas perfectas a los ojos del Señor. Las obras que muchas personas consideran excelentes serán juzgadas impuras, llenas de motivos impuros y confusión a los ojos del Señor. Muchas "buenas" obras no serán buenas a los ojos del Señor.

Si el juicio empieza por la casa de Dios (1 P. 4:17), este juicio debe ser muy severo. En tal caso, ¿quién podrá estar en pie? ¡Anhelamos que Dios tenga misericordia de nosotros ante el tribunal y nos conceda gracia! A esto se refiere Mateo 18. Aunque es cierto que Dios es justo en Su juicio, El también perdona. Sin embargo, Su perdón se basa en el perdón que concedamos a otros hoy. Supongamos que cinco personas lo ofenden a usted, y usted les perdona, que otras diez le ofenden y les perdona nuevamente; y supongamos que usted perdona a todos los que le hayan ofendido; en aquel día, ante el tribunal, Dios le tratará con justicia. Dado que usted perdonó a otros, es justo que Dios le perdone a usted ante Su tribunal.

En Jacobo 2:13 leemos: "Porque juicio sin misericordia se hará con aquel que no haga misericordia; y la misericordia triunfa sobre el juicio". Si usted tiene misericordia de los demás, Dios tendrá misericordia de usted; pero si no tiene misericordia de otros, tampoco Dios tendrá misericordia de usted. Si usted es clemente cada día, no trata de encontrar faltas en los demás y es generoso, Dios también le perdonará en aquel día.

LAS DIFERENTES CLASES DE PERDON

Necesitamos poner atención diariamente a lo siguiente: (1) examinar nuestro propio comportamiento para que no caigamos bajo el juicio de Dios y (2) tener misericordia de otros y perdonar a quienes nos deban para que podamos obtener el perdón de Dios aquel día.

En Mateo 7:1-2 dice: "No juzguéis, para que no seáis juzgados. Porque con el juicio con que juzgáis, seréis juzgados, y con la medida con que medís, os será medido". La palabra "juicio" en este versículo indica que Dios nos juzgará aquel día de la misma manera en que nosotros juzgamos a los demás hoy. Por ejemplo, si notamos algo equivocado en una persona, en vez de hablarle con amor, la criticamos con arrogancia y la censuramos severamente, Dios nos juzgará a nosotros de una manera similar aquel día, ya que El nos juzgará según el modo como hayamos tratado a los demás en el presente. Esto es lo que se da a entender en Romanos 2:1-3, que dice: "Por lo cual, no tienes excusa, oh hombre, tú que juzgas; pues en lo que juzgas a otro, te condenas a ti mismo; porque tú que juzgas practicas las mismas cosas. Mas sabemos que el juicio de Dios contra los que practican tales cosas es según verdad. ¿Y piensas esto, oh hombre, tú que juzgas a los que practican tales cosas, y haces lo mismo, que tú escaparás del juicio de Dios?"

Podemos apreciar esto con más claridad en Lucas 6:38, donde leemos: "Dad, y se os dará; medida buena, apretada, remecida y rebosando darán en vuestro regazo; porque con la misma medida con que medís, se os volverá a medir". Si damos a los demás, Dios nos dará abundantemente y pagará con creces, no sólo con la medida llena, sino rebosando. La medida de gracia que usted dé a los demás, será la misma medida de gracia que Dios le dará en el futuro. Si usted trata a los demás severamente en la actualidad, no debe esperar que Dios lo trate magnánimamente en el futuro; por lo tanto, el creyente debe aprender a no juzgar y debe evitar el medir a los demás con su propia justicia. Si no perdonamos a otros, recibiremos el castigo más severo en el milenio. Estamos destinados a tener vida eterna porque la salvación es eterna, pero si no perdonamos a los que nos han ofendido en esta vida, Dios no nos perdonará en el futuro.

¿Cómo se destruye una nación? ¿Cómo se cae una casa?

¿No es acaso porque se divide contra sí misma? Por esa razón, Dios no permitirá que dos personas en Su reino estén divididas, y tampoco permitirá odio en el corazón de Su pueblo. Dios no permitirá que quien gobierne cinco ciudades tenga conflicto alguno con otro que tenga a su cargo otras cinco ciudades. El no puede usar a una persona que no sea pacífica para gobernar una ciudad; lo único que puede hacer con alguien así es enviarle al lugar de tormento hasta que pague todas sus deudas. ¿Cómo las pagará? Debe estar dispuesto a perdonar de todo corazón a otros, y cuanto más rápido lo haga, mejor. ¿Por qué esperar hasta aquel día?

En Mateo 6:14-15 dice: "Porque si perdonáis a los hombres sus ofensas, os perdonará también a vosotros vuestro Padre celestial; mas si no perdonáis a los hombres sus ofensas, tampoco vuestro Padre os perdonará vuestras ofensas". Los capítulos del 5 al 7 de Mateo hablan del reino. A quien no perdone, Dios tampoco le perdonará, lo cual determinará la posición de dicha persona en el reino. Si ella no perdona, no recibirá perdón en el reino venidero.

Nuestro Dios hoy nos está examinando para determinar si somos merecedores o no de ser reyes y gobernar en Su reino. No piense que es gran cosa servir en la iglesia, pues los asuntos del reino son mayores. Dios nos dará cosas mucho más gloriosas y elevadas en el reino venidero para que las administremos. Si no podemos afrontar pequeñeces hoy en día, no podremos afrontar grandes responsabilidades en el futuro. Si no podemos administrar lo pertinente a esta vida, ¿cómo podremos juzgar a los ángeles en el futuro? (1 Co. 6:1-8). Con ese día en la mira, aprendamos a perdonar hoy a los demás.

Pregunta cuarenta y nueve

LAS DIFERENTES CLASES DE SALVACION

¿Cuántas clases de salvación se mencionan en la Biblia? ¿Cómo se pueden explicar?

RESPUESTA

En la Biblia se mencionan por lo menos seis tipos de salvación.

1. La salvación eterna

La primera clase de salvación es la salvación eterna ante Dios, la cual recibimos cuando creemos en el Señor. Esta salvación nos libra de la condenación del pecado, de la maldición de la ley, de la inminencia de la muerte, del castigo del infierno y del poder de Satanás. Nuestras transgresiones fueron perdonadas, y nuestros pecados eliminados. Fuimos justificados, santificados y reconciliados con Dios. Esta salvación incluye la regeneración, la vida eterna del Señor, la vivificación de nuestro espíritu y el advenimiento a nosotros del Espíritu Santo. Recibimos dicha salvación por la gracia de Dios y no según nuestras obras. En Efesios 2:8 y 9 dice: "Porque por gracia habéis sido salvos por medio de la fe; y esto no de vosotros, pues es don de Dios, no por obras para que nadie se gloríe". En 2 Timoteo 1:9 leemos: "Quien nos salvó y llamó con llamamiento santo, no conforme a nuestras obras, sino según el propósito Suyo y la gracia que nos fue dada en Cristo Jesús antes de los tiempos de los siglos". Encontramos en Tito 3:5: "Nos salvó, no por obras de justicia que nosotros hubiéramos hecho, sino conforme a Su misericordia, mediante el lavamiento de la regeneración y la renovación del Espíritu Santo".

Hechos 15:11 dice: "Antes creemos que por la gracia del Señor Jesús somos salvos, de igual modo que ellos".

Nuestro Señor Jesús llevó a cabo la salvación eterna. El es nuestro Salvador; vino a morir por nosotros en la cruz y allí llevó nuestros pecados (1 P. 2:24); nos redimió de la maldición de la ley (Gá. 3:13), y nos librará de la ira venidera (1 Ts. 1:10). Por Su muerte, destruyó al diablo, el cual tenía el imperio de la muerte (He. 2:14) y nos libró de la potestad de las tinieblas (Col. 1:13) para que no estemos sujetos a juicio sino que pasemos de muerte a vida (Jn. 5:24). Por la resurrección del Señor nacimos de nuevo, heredamos la vida eterna y somos hijos de Dios (1 P. 1:3; Jn. 12:24). Por la ascensión del Señor Jesús, fuimos hechos cercanos a Dios el Padre a fin de que tengamos comunión con el Padre en el Lugar Santísimo (He. 9:12; 10:19-22) por encima de todas las potestades de las tinieblas (Ef. 1:21). El Señor realizó toda esta obra, y a nosotros sólo nos corresponde creer y recibirla. "Mas a todos los que le recibieron, a los que creen en Su nombre, les dio potestad de ser hechos hijos de Dios" (Jn. 1:12). "No me avergüenzo del evangelio, porque es poder de Dios para salvación a todo aquel que cree; al judío primeramente, y también al griego" (Ro. 1:16). "Cree en el Señor Jesús, y serás salvo, tú y tu casa" (Hch. 16:31).

Esta clase de salvación es eterna. Una vez que una persona es salva, lo es para siempre. "Y habiendo sido perfeccionado, vino a ser fuente de eterna salvación para todos los que le obedecen" (He. 5:9). Ya que la salvación que el Señor efectuó es eterna, nuestra salvación tiene que serlo.

En la Biblia encontramos por lo menos doce aspectos que certifican nuestra salvación y confirman que no pereceremos si somos salvos.

A. *Según la voluntad de Dios*

Dios nos hizo hijos Suyos y nos dio la filiación plena, no por nuestra condición, sino según el beneplácito de Su voluntad (Ef. 1:5). El nos salvó y nos llamó con llamamiento santo, no conforme a nuestras obras, sino según Su propósito (2 Ti. 1:9). Aunque nuestra condición puede cambiar, Su voluntad es inmutable (He. 6:17). En la eternidad pasada, Dios determinó salvarnos y no permitir que se perdiera ninguno de nosotros (Jn. 6:39) ¿Cómo podemos ser salvos hoy y dejar de serlo más tarde? Nuestra salvación es eterna debido al propósito inmutable de Dios.

B. Según la elección de Dios

Dios no nos escogió por casualidad ni temporalmente. El nos escogió en Cristo antes de la fundación del mundo (Ef. 1:4). Dios nos escogió conforme a Su propósito, no conforme a nuestras obras (Ro. 9:11). Nosotros no lo escogimos a El, sino que El nos escogió a nosotros (Jn. 15:16). El Señor nunca cambiará ya que Su llamado es irrevocable (Ro. 11:29); por lo tanto, nuestra salvación es segura e inconmovible.

C. Según el amor de Dios

Somos salvos porque Dios nos amó, no porque nosotros le hayamos amado a El (1 Jn. 4:10). Nuestro amor es extremadamente fluctuante, pero el amor de Dios es más sólido que el amor de una madre (Is. 49:15); es eterno y perdurable (Jer. 31:3; Jn. 13:1) y es inmutable. Por este amor eterno, nuestra salvación está segura, y no debemos preocuparnos, porque jamás se perderá.

D. Según la gracia de Dios

No somos salvos por nuestras obras, sino por la gracia de Dios (Ef. 2:8-9). Tanto nosotros como nuestras obras pueden cambiar, pero la gracia de Dios es permanente e inconmovible; por lo tanto, nuestra salvación es segura y eterna. Dios nos salvó por Su gracia, la cual nos fue dada en Cristo Jesús antes de los tiempos de los siglos (2 Ti. 1:9), y de acuerdo con las riquezas de Su gracia (Ef. 1:7). La gracia de Dios es suficiente y superabundante; puede llevar nuestras cargas, suplir nuestras necesidades y salvarnos hasta el fin.

E. Según la justicia de Dios

Dios nos salvó no sólo por Su amor y gracia sino por Su justicia. El Señor Jesús recibió la justicia de Dios en la cruz por nosotros y así cumplió los requisitos de la justicia de Dios. Por lo consiguiente, Dios debe salvarnos si creemos, pues si no lo hace, sería injusto. La justicia de Dios se revela en Su salvación (Ro. 1:16-17). Fuimos justificados por Dios, y El nos debe salvar porque "¿quién acusará a los escogidos de Dios?" (8:33). El trono de Dios esta cimentado en la justicia (Sal. 89:14) y, por eso, es sólido e inconmovible. Nuestra justificación se basa en la justicia de Dios; en consecuencia, es eternamente segura e inconmovible.

F. Según el pacto de Dios

Dios hizo un pacto para salvarnos (Mt. 26:28: He. 8:8-13) y debido a que este pacto no se puede quebrantar (Sal. 89:34) tampoco nuestra salvación se puede cambiar.

G. Según el poder de Dios

"Mi Padre que me las dio, es mayor que todos, y nadie las puede arrebatar de la mano de Mi Padre" (Jn. 10:29). Ya que Dios es todopoderoso, Su poder no tiene límite; por consiguiente, nadie nos puede arrebatar de Su poderosa mano. Nuestra salvación está segura por el poder de Dios.

H. Según la vida de Dios

La vida de Dios es eterna, y Dios nos la dio para que seamos Sus hijos y así tengamos una relación eterna, una relación de vida, con El (Jn. 3:16; 1 Jn. 3:1). Una relación vital jamás se puede romper y, ya que tenemos la vida eterna de Dios en nosotros, jamás pereceremos (Jn. 10:28).

I. Según Dios mismo

Dios nunca cambia y en El no hay oscuridad ni sombra de variación (Jac. 1:17; Mal. 3:6) ¿Cómo puede cambiar la salvación que recibimos de este Dios?

J. Según la obra redentora de Cristo

El Señor vino a ser fuente de eterna salvación (He. 5:9) "Porque con una sola ofrenda hizo perfectos para siempre a los santificados" (10:14). Lo que el Señor efectuó es eterno, y por consiguiente, nuestra salvación también lo es. Puesto que tal es el caso, ¿quién puede condenarnos? Cristo Jesús es el que murió; más aun, el que también resucitó, el que además está a la diestra de Dios, el que también intercede por nosotros (Ro. 8:34). Nadie puede negar la redención que el Señor llevó a cabo para nosotros por Su muerte y resurrección, y tampoco nadie nos puede condenar. Así que, nuestra salvación es segura.

K. Según el poder de Cristo

En Juan 10:28 dice: "Y Yo les doy vida eterna; y no perecerán jamás, ni nadie las arrebatará de Mi mano". El Señor y Dios son uno; El es igual a Dios; por lo tanto, Su mano es tan poderosa como la mano de Dios. Nadie podrá arrebatarnos de la mano de Dios, y Su mano poderosa nos garantiza eternamente nuestra salvación.

L. Según la promesa de Dios

En Juan 6:37 dice: "Todo lo que el Padre me da, vendrá a Mí; y al que a Mí viene, por ningún motivo le echaré fuera". El Señor prometió que jamás echará a los que vienen a El. Nosotros nos apoyamos en esta promesa, para afirmar que nuestra salvación está segura por la eternidad.

2. La salvación ante los hombres

En Marcos 16:16 leemos: "El que crea y sea bautizado, será salvo". La salvación que se menciona aquí no se refiere a la salvación eterna puesto que añade: "Mas el que no crea, será condenado". Podemos preguntarnos por qué la segunda parte no dice: "El que no crea y no sea bautizado, será condenado". Puesto que en la segunda parte, en la cual se menciona la condenación, no se tiene en cuenta el bautismo, esto explica por que la salvación a la que alude la primera parte no está al mismo nivel de la condenación, mencionada en la segunda parte. Para no ser condenado se tiene que creer, y para ser salvo se necesita creer y además ser bautizado; por lo tanto, la salvación de la que se habla en Marcos 16:16 no es la salvación eterna que nos libra de la condenación. ¿Entonces a qué se refiere? Se refiere a ser salvos ante los hombres. Si una persona sólo cree pero no es bautizada, ante los hombres no es salva aunque tenga vida eterna. Tal persona debe ser bautizada y proclamar públicamente que sus pecados fueron perdonados y que pertenece al Señor. De este modo, los hombres sabrán que ella es salva. El bautismo separa a la persona de la gente del mundo; en consecuencia, la salvación que se obtiene por medio del bautismo es la salvación ante los hombres.

3. La salvación diaria

"Por tanto, amados míos, como siempre habéis obedecido, no como en mi presencia solamente, sino mucho más ahora en mi ausencia, llevad a cabo vuestra salvación con temor y temblor" (Fil. 2:12). No podemos llevar a cabo nuestra salvación por nuestros propios medios. Recibimos la salvación gratuitamente, por la gracia de Dios; no obstante, este versículo dice: "Llevad a cabo vuestra salvación". Aunque ya fuimos salvos, debemos expresar cada día la salvación que recibimos. En el momento que creímos en el Señor, recibimos la vida de Dios, y El vino a morar en nosotros mediante el Espíritu Santo. "Dios es el que en vosotros realiza así el querer como el hacer, por Su beneplácito" (v. 13). En nuestra vida cotidiana, momento a momento, debemos ser motivados por la vida de Dios y obedeciéndole a El, quien actúa en nosotros. Esto no se puede lograr apresuradamente, pues requiere que día tras día expresemos la salvación en nuestra vida con temor y temblor.

"Por lo cual puede también salvar por completo a los que por El se acercan a Dios, puesto que vive para siempre para interceder por ellos" (He. 7:25). Este versículo también se refiere a la salvación que el Señor efectúa diariamente en nuestras vidas. El Señor intercede por nosotros ante Dios, nos guarda y nos salva hasta el día de Su venida.

En cuanto a la salvación diaria, debemos tener presente que el Señor desea que oremos diariamente y le pidamos que nos libre del maligno (Mt. 6:13) porque Satanás nos tienta, nos seduce, nos ataca y nos tiende lazo continuamente; por lo cual, necesitamos orar rogando que el Señor nos libre de Satanás día a día y momento a momento.

4. Salvos de la tribulación

Existe otra clase de salvación mediante la cual Dios nos libra de la tribulación. Pablo dijo: "El cual nos libró de tan

LAS DIFERENTES CLASES DE SALVACION 203

gran muerte, y nos librará; y en quien esperamos que aún nos librará" (2 Co. 1:10). La liberación que se menciona aquí no se refiere a la salvación eterna, ya que es la continuación de los versículos anteriores. En los versículos 8 y 9 Pablo dice que tanto él como los colaboradores que estaban en Asia, habían tenido problemas, pues habían sido abrumados sobremanera, más allá de sus fuerzas; a tal grado que hasta habían perdido la esperanza de vivir y habían sentido cerca la muerte; pero el Señor los había librado de aquellos problemas y aun de la muerte. Los había librado antes, los seguía librando, y ellos confiaban que los libraría en el futuro. Dios los libraría de todo problema en cualquier circunstancia.

"El ángel de Jehová acampa alrededor de los que le temen, y los defiende" (Sal. 34:7). Dios enviará a Su ángel a acampar alrededor de quienes le temen para librarlos de los problemas que los abruman.

"Porque sé que por vuestra petición y la abundante suministración del Espíritu de Jesucristo, esto resultará en mi salvación" (Fi. 1:19). "Y fui librado de la boca del león, y el Señor me librará de toda obra mala" (2 Ti. 4:17-18). Estos dos pasajes se refieren a la salvación en tiempos de tribulación; a saber: el Señor nos libra de las circunstancias difíciles y de obras malas.

5. La salvación del cuerpo

Cuando el Señor venga, redimirá nuestro cuerpo, lo transformará para que sea conformado y a Su cuerpo glorioso (Fil. 3:21). La Biblia también llama a esto salvación; en este caso, la del cuerpo. "Y no sólo esto, sino que también nosotros mismos, que tenemos las primicias del Espíritu, nosotros también gemimos dentro de nosotros mismos, aguardando con anhelo la plena filiación, la redención de nuestro cuerpo" (Ro. 8:23); y el versículo 24 añade: "Porque en esperanza fuimos salvos". La palabra "salvos" se refiere a la redención de nuestro cuerpo en el versículo 23, la cual se llevará a cabo sólo cuando el Señor regrese. Debemos aguardar con anhelo ese momento. En el instante en que creímos en el Señor, recibimos la salvación eterna y nuestro espíritu fue vivificado, pero nuestro cuerpo, que todavía es parte de la vieja creación, todavía gime y tiene dolores como de parto, sujeto a corrupción, por lo cual sufre enfermedades y vejez. Pero cuando el Señor venga, redimirá y transformará nuestro cuerpo, el cual ha estado sujeto en la vieja creación, y lo llevará a la libertad gloriosa de la nueva creación.

"Porque ahora está más cerca de nosotros nuestra salvación que cuando creímos" (Ro. 13:11). Esta es la salvación de nuestro cuerpo. Recibimos la salvación de nuestro espíritu cuando creímos, y nuestro cuerpo será salvo en el futuro; por lo tanto, después de que creemos, la salvación de nuestro cuerpo se acerca aún más.

6. La salvación del alma

Puesto que somos seres tripartitos, esto es, puesto que nuestro ser consta de tres partes, espíritu, alma y cuerpo (1 Ts. 5:23), nuestra salvación tiene que incluir estas tres partes. Nuestro espíritu fue salvo en el momento en que creímos en el Señor, y el Espíritu Santo nos regeneró. Cuando Dios nos perdonó todos los pecados, el Espíritu Santo entró en nosotros y dio vida a nuestro espíritu muerto. La salvación de nuestro cuerpo tendrá lugar cuando el Señor venga y, por Su poder, Él transformará nuestro cuerpo vil en un cuerpo glorioso. Pero nuestra alma necesita ser salva, lo cual se relaciona con la entrada en el milenio y el reinado con el Señor. El Señor nos dará el galardón, y nuestra alma disfrutará con Él, el gozo del reino.

"Porque el que quiera salvar la vida de su alma, la perderá; y el que la pierda por causa de Mí, la hallará" (Mt. 16:25). La palabra "salvar" en este versículo no se refiere a la salvación eterna que recibimos gratuitamente al creer, pues la salvación a la que alude este versículo requiere un precio. Se tiene que perder el alma y sacrificarla a fin de poder ganarla. Esto se refiere a la persona que es salva, y está dispuesta a negarse a sí misma, a tomar la cruz y a seguir al Señor. Ella sacrifica su propia alma por causa del Señor y, por hacerlo, entrará en el reino milenario y participará del gozo del Señor (25:21, 23). El alma es parte de nuestro ser y siente gozo y dolor. Si soportamos el sufrimiento y el sacrificio temporal por causa del Señor, entraremos en Su gozo cuando Él venga. El alma del hombre también es su yo. Si nos negamos a nosotros mismos por causa del Señor ahora, El nos dará lo que es verdadero en el futuro (Lc. 16:11-12).

"Porque el que quiera salvar la vida de su alma, la perderá; y el que la pierda por causa de Mí y del evangelio, la salvará" (Mr. 8:35). La causa del Señor y la del evangelio siempre van juntas; jamás se pueden separar. Sea por el Señor o por el evangelio, si sacrificamos el alma y sus placeres en este siglo, nuestra alma recibirá el gozo especial que se tiene en la era del reino. Esto significa que reinaremos juntamente con el Señor y disfrutaremos de Su gozo en la gloria.

"El que procure conservar la vida de su alma, la perderá; y el que la pierda, la conservará" (Lc. 17:33). Los creyentes que conserven su alma y los placeres de ésta en la era presente, perderán el gozo en la era del reino, y los que pierdan su alma y los goces de esta era, salvarán su alma y obtendrán el gozo en el reino venidero.

"Mas el que haya perseverado hasta el fin, éste será salvo" (Mt. 10:22). "Con vuestra perseverancia ganaréis vuestras almas" (Lc. 21:19). Si los creyentes perseveran hasta el fin de la persecución, recibirán del Señor el galardón, y entonces, sus almas no sufrirán sino que participarán del gozo.

"Pero nosotros no somos de los que retroceden para ruina, sino de los que tienen fe para ganar el alma" (He. 10:39). La fe que se menciona aquí es la fe que recibimos después de ser salvos, pero no es la fe inicial sino la fe por la cual andamos; no es la fe necesaria para obtener la vida, sino la fe necesaria para vivir diariamente. Si podemos caminar por la senda del Señor por la fe y vivir en victoria después de ser salvos, nuestra alma será salva en el futuro y participaremos de la gloria y del gozo del reino.

"Obteniendo el fin de vuestra fe, que es la salvación de vuestras almas" (1 P. 1:9). Esta fe también es la fe que recibimos y por la cual vivimos después de ser salvos. Dicha fe hace que Dios nos guarde; vence las dificultades y pruebas; traerá la salvación que Dios ha preparado, y se manifestará cuando el Señor regrese. Esto es lo que significa ser librado de todos los sufrimientos y disfrutar el gozo de gloria.

"Por lo cual, desechando toda inmundicia y abundancia de

malicia, recibid con mansedumbre la palabra implantada, la cual puede salvar vuestras almas" (Jac. 1:21). La salvación del alma no equivale a la salvación del espíritu, ya que para obtener ésta lo único que debemos hacer es creer y recibir; pero la salvación del alma requiere que desechemos toda inmundicia y malicia en nuestra conducta para recibir con mansedumbre la palabra implantada.

"El Señor ... me salvará para Su reino celestial" (2 Ti. 4:18). "Por lo cual, hermanos, sed aún más diligentes en hacer firme vuestra vocación y elección; porque haciendo estas cosas, no tropezaréis jamás. Porque de esta manera os será suministrada rica y abundante entrada en el reino eterno de nuestro Señor y Salvador Jesucristo" (2 P. 1:10-11). La salvación del alma es la salvación que nos introduce en el reino de los cielos, el reino eterno de nuestro Señor y Salvador Jesucristo.

PREGUNTA CINCUENTA

LA SANTIFICACION

¿Qué significa la santificación? ¿Cómo somos santificados?

RESPUESTA

Al hablar de la santificación, debemos tener en cuenta los siguientes tres puntos.

1. El significado de la santificación

En el Antiguo Testamento y en el Nuevo Testamento, desde Génesis hasta Apocalipsis, santificar significa apartar algo para un fin específico; es decir, separar algo para que pertenezca a otra cosa. Este es el significado bíblico de la santificación.

"Jehová habló a Moisés diciendo: Conságrame todo primogénito. Cualquiera que abre matriz entre los hijos de Israel, así de los hombres como de los animales, mío es" (Ex. 13:1-2). Todos los primogénitos de Israel pertenecían a Dios y debían ser apartados y declarados santificados a Jehová y posesión Suya; por lo tanto, ser santificado significa ser apartado para Dios. Cuando el hombre ofrece algo a Dios, dicha ofrenda debe separarse para El y ser santificada para El (Lv. 27:14; 2 S. 8:11). El Señor Jesús fue santificado por el Padre (Jn. 10:36) y es el Santo ser que iba a nacer (Lc. 1:35). El Señor se diferencia de cualquier hombre por ser el Hijo unigénito, que está en el Padre (Jn. 1:18). El es santo, y quienes creen en el Señor son llamados santos (Hch. 9:13), lo cual significa que están separados para Dios.

En cierta ocasión, mientras el Señor estaba en la tierra, les hizo a los fariseos una pregunta basada en el contenido del Antiguo Testamento: cuando un hombre presenta una ofrenda, ¿santifica ésta el altar, o el altar la santifica a ella? (Mt. 23:19-20). Es erróneo decir que la ofrenda santifica el altar, pues el altar santifica la ofrenda. Cuando la ofrenda es puesta en el altar, pertenece a Dios. Antes de presentarla en el altar, pertenece al hombre; pero una vez ofrecida, pertenece a Dios. Esto no significa que lo que se ofrece ha cambiado, sino que ha sido apartado exclusivamente para Dios; por lo tanto, es santo. En el Antiguo Testamento, cuando todos los utensilios del tabernáculo fueron ungidos, llegaron a ser santos. En el Nuevo Testamento también se menciona que el marido incrédulo es santificado por su mujer creyente; la mujer incrédula es santificada por el marido creyente; y los hijos incrédulos son santificados por los padres creyentes (1 Co. 7:14). La persona no se cambia en sí misma, sino que es apartada y santificada por causa del cónyuge o del padre.

Dios nos compró con la sangre del Señor Jesús; por lo tanto, no pertenecemos a nadie más. No podemos darnos a nadie más, ya que pertenecemos a Dios; somos Suyos.

2. La posición de ser santificado ante Dios

Cuando una persona recibe al Señor, no sólo se le perdonan los pecados y es justificada, sino que también es santificada ante Dios. Dios es santo, y sin santidad, nadie podrá tener comunión con El, ni orar a El ni verle. La justicia es el medio por el cual El actúa, y la santidad es Su propia naturaleza. El perdón de pecados concuerda con Su justicia. Sin el perdón de pecados, el hombre no puede ser salvo, y sin santidad no puede ver a Dios (He. 12:14). La santificación no se relaciona con los pecados, sino con estar apartado para Dios. Todos los creyentes son santos en Cristo; por consiguiente, pueden acercarse a la presencia de Dios.

El libro de Romanos habla de la justificación, y el libro de Hebreos habla sobre la santificación. Romanos examina la justicia, y Hebreos la santidad. Romanos muestra el trono, y Hebreos el Lugar Santísimo. Romanos presenta la culpa por el pecado ante Dios, y Hebreos la mancha del hombre ante Dios. Ser librado de los pecados equivale ser perdonado y justificado para poder presentarse ante Dios, pero sin santidad no se puede disfrutar la presencia de Dios ni la comunión con El en el Lugar Santísimo.

Romanos dice que aunque somos pecadores, Dios perdonó nuestros pecados y nos justificó mediante la muerte de Su Hijo. Hebreos nos muestra que aunque nuestros cuerpos son inmundos, la sangre del Hijo de Dios nos limpia y por medio de Su Sangre, podemos entrar al Lugar Santísimo y tener comunión con Dios. Podemos entrar confiadamente al Lugar Santísimo mediante la sangre del Señor Jesús (He. 10:19).

¿Qué incluye la santificación? El evangelio de Dios siempre nos hace exclamar aleluya. Dios es santo, y la santidad es la expresión más elevada de Su gloria. Si no fuéramos santos, no podríamos estar en la presencia de Dios; pero somos tan santos como Cristo cuando estamos en El; así podemos acercarnos a Dios pues El nos ve igual que a Cristo. Damos gracias a Dios porque la salvación que realizó Jesucristo está consumada y es eterna. Si no lo fuera, la justicia de Dios no estaría sobre nosotros ni seríamos apartados y santificados para Dios. Puesto que la salvación es completa y eterna (He. 10:14), podemos obtener el perdón eterno, ser santificados para Dios y permanecer para siempre en la presencia de Dios.

"A la iglesia de Dios que está en Corinto, a los santificados en Cristo Jesús, los santos llamados, con todos los que en cualquier lugar invocan el nombre de nuestro Señor Jesucristo, Señor de ellos y nuestro" (1 Co. 1:2). En esta epístola a los corintios, Pablo los llama santos y santificados en Cristo Jesús. Nosotros no tratamos de ser santos, porque cuando fuimos llamados, ya éramos santos y habíamos sido santificados para Dios. Al ser llamados y salvos, somos santificados en Cristo y se nos llama santos.

¿Qué clase de creyentes eran los corintios? Algunos comían y bebían su propia cena, de manera que estaban hartos o inclusive borrachos antes de participar de la cena del Señor; otros llegaban con hambre a la mesa del Señor (1 Co. 11:20-22). Aún así, Pablo los reconoció como santificados en Cristo Jesús y "santos llamados". Más aún, entre ellos se había cometido el vil pecado de que alguien cohabitaba con su madrastra (5:1). De todos modos Pablo se refiere a ellos como santificados en Cristo Jesús. Aunque ellos se jactaban, Pablo se dirige a ellos como santificados en Cristo Jesús. Así que, la santificación no está relacionada con el comportamiento exterior. En Romanos 5—8 se habla de otro tema, pues menciona el fruto de la santificación y no la santificación misma. Romanos dice que no debemos ser esclavos del pecado sino que debemos presentar nuestros miembros como armas de justicia y llevar el fruto de la santificación (6:13, 17-22). Nuestra santificación se basa en la unión que el Señor Jesucristo estableció con nosotros en Su muerte. Este es el significado de la santificación. El árbol y el fruto no son lo mismo; son dos cosas distintas. Del mismo modo, la santificación y el fruto de ésta son diferentes. La santificación es una cosa, y el fruto de la santificación es otra. Los creyentes de Corinto tenían la posición de la santificación, mas no el fruto de ella; por lo tanto, Pablo los reprende en su carta, y les muestra que por ser santos en posición, debían llevar el fruto de la santificación (2 Co. 7:1).

"Mas por El estáis vosotros en Cristo Jesús, el cual nos ha sido hecho por Dios, sabiduría: justicia y santificación y redención" (1 Co. 1:30). Este versículo nos dice que Cristo Jesús llegó a ser nuestra justicia, santificación y redención. Puesto que El es justo y santo ante Dios, nosotros también somos justos y santos en El, y nuestra santificación no puede ser menor que la Suya. Alabamos a Dios porque nuestra santificación ante Dios no se debe a nuestro comportamiento justo ni a lo que nosotros logremos experimentar de Cristo, sino a que Cristo fue hecho nuestra santificación ante Dios, y Su santificación es nuestra.

"Y esto erais algunos; mas ya habéis sido lavados, ya habéis sido santificados, ya habéis sido justificados en el nombre del Señor Jesucristo, y en el Espíritu de nuestro Dios" (1 Co. 6:11). Según este pasaje, la santificación precede a la justificación; así que, fuimos santificados y justificados. ¿Tiene usted la santificación y la justificación? Si usted le pregunta a otra creyente si ya fue justificado, él responderá con confianza que sí; si le pregunta si es una persona justa, tal vez se atreva a responder que sí; pero si le pregunta si es santo, probablemente no se atreverá a decir que sí. Sin embargo, la Biblia nos dice que ya fuimos santificados y que Dios no sólo nos perdonó todos los pecados y nos justificó, sino que también nos considera